JN168804

僕が
月300時間の残業を50時間まで減らした方法

金山直志

すばる舎

はじめに

この本は、

・できることなら残業はしたくない
・普段の仕事を少しでも効率的にやれるようになりたい
・今よりももっとキャリアアップしたい

そう思っている全ての方のための本です。

「頑張っていれば認められる」は幻想

私は建設業界で働いているサラリーマンです。設計会社で勤務したり工事現場に出たりしてきました。

かつては朝から翌日の明け方まで仕事していましたが、今は定時を少し過ぎたあたりで帰ることがほとんどです。残業するとしても、1日当たり1～3時間程度で済んでいます。

私は以前、今の言い方で言うと「ブラック」な働き方をしてきました。

当時はそれが当たり前だと思っていましたし、そうすることで自分自身のキャリアアップがどんどん図れると思っていたのです。

しかしある日、「それは全くの幻想だ」ということに気づきました。

「あの人はすごいよね。あの頑張りはお手本になるね」と周囲から思われていたにも関わらず、会社から不用品扱いされ、失意のうちに会社や業界を去っていった人を見てきましたし、私自身も心身を壊して不用品になりかけました。

毎日残業を頑張っていると、周りは自分を良く見てくれているように感じます。

「あいつはいつも遅くまで頑張っているな」と。

ところが、実際は「そう見られているように感じているだけ」のことがほとんどです。

それに、会社が一生あなたを守ってくれるという保証はありませんよね。

業績が悪化してもしなくても、今や人員削減はどこでも行われるようになっています。

そこに、いかに自分が頑張っているかは関係ありません。毎日毎日遅くまで、身を粉にして奮闘していたとしても、ある日突然戦力外通告を受けることがあるんです。

「必要な人」と「残業する人」は同一ではない

昔であれば、毎日遅くまで頑張っていれば誰かが見てくれる、評価をしてくれる、という会社もあったかもしれません。しかし、今求められているのは「成果」です。

成果が出ていなければ、深夜まで頑張っている（ように見える）としても、何も意味を持たない時代になっています。成果が出ていないのに深夜まで働いていたら、むしろ会社に損害を与えていると捉えられることもあるんです。残業代などの経費がかさんでいるわけですから。

さらに、長時間の残業が続いていくと、心身が壊れていくこともあります。消耗しただけのエネルギーを補給したように見えても、実は消費した分を取り戻せず、気づいたときには廃人のようになっているケースも見受けられます。

それに、長時間働いている人がどんどんキャリアアップしているかというと、そうとは言い切れません。

ほとんど残業せず定時で帰っている人でも、超スピードで駆け上がっていく人はたくさんいますし、社内はもちろん社外でも絶大な信頼を得て自分自身の価値を高めている人もいます。

観察していると、**なるべく早く帰るようにしている人ほど、同期よりも早く上に行ったり、資格を取ったり、社外から高い評価をもらっていることに気づきました。**

もちろんその人たちも遅くまで働くことはありますが、そういう日は少ないです。

働き方を変えて自分の価値を上げる

そこで私は残業に対する考え方を変え、取り組み方を変えていきました。

そして**それまでよりも労働時間を少なくしたにも関わらず、自分自身の価値を高めていけるようになりました。**

仕事のクオリティが上がっていき、社内での信頼度が高まっていき、自分自身が成長できていることが実感できるようになっていったんです。

その要因として、忙しいなかにもさまざまな刺激を受ける機会を作れるようになり、仕事に対する視野が広がったことがあると思います。

「残業時間が減ると、こんなにも楽しい日々にすることができるのか！」

「スパイシーな時間をたくさん過ごせるようになり、常に頭が活性化している！」

「今まで知らなかったことを知って好奇心が旺盛になり、ワクワクがとまらない！」

残業が当たり前だったころは思いもよらなかった世界に触れ、仕事にもプライベートにも良い影響がどんどん出てきているのです。


今、残業に忙殺されて疲れ切っている人も、本書を読んでいただくことで、すぐに一歩を踏み出すことができます。

忙しくてもいろいろな発見があり、充実した毎日を過ごせるようになる。成長スピードがアップし、自分自身の価値をどんどん高めていける。さらに仕事が楽しくなるといった、良い循環が生まれてきます。

残業を減らしながら、いかにして成長できるのか？

どういう働き方が自分のステップアップにつながるのか？

これからしっかりお話ししていきますね。

第1章 月の残業を200時間以上減らすにいたった理由

第2章　仕事量をコントロールする方法

第3章　ゆとりを作ってミスも減る仕事の進め方

第4章 悩む時間を少なくして素早くこなす

第5章　無理をやめて成果を出す自己管理術

装丁――遠藤陽一（デザインワークショップジン）

第1章

月の残業を200時間以上減らすにいたった理由

① 普通のサラリーマンも働き方を変えられる

あきらめないことから始まる

今この本を読んでいるあなたは、毎日夜遅くまで働いているかもしれません。

世の中が人手不足のなか、**膨大な仕事量に背後霊のようにつきまとわれ、定時に帰りたくても帰れない。周りの人たちもバタバタと仕事に追われているので、自分だけ早く終わっても周りの目が気になって帰れない、なんてことはないですか？**

しかし、安心してください。この本を読んで行動に移すことで、あなたはこれらの背後霊やジレンマから解放されることでしょう。

私自身、そうしたジレンマを常に抱え、来る日も来る日も仕事に追いかけ回されていました。タイトルの「３００時間」とは決して大げさでなく、実際に毎月３００時間前後の残業を異常とも思わずこなしていたのです。

ですが今はそれらから解放され、そんなに長く残業せずに済んでいます。

もちろん、不況で仕事量が減ったからではありません。私のいる建設業界は折からの人手不足とオリンピックなどに伴う需要拡大で仕事量はどんどん増え、今後さらに忙しくなることが見込まれるくらいです。

そんななかでも、私の仕事のパフォーマンスは下がるどころか上がり続け、日々着実に成長を実感し続けています。

こういう話をすると、「あなただからできたんでしょ?」と言われることがあります。

私はたしかに現在派遣社員という立場におり、そのおかげで長時間の残業を免れていると思う人もいるかもしれません。しかし、私が残業時間を圧縮する今のやり方を体得したのは正社員時代のことで、ずっとそのスタイルで仕事をしてきました。

派遣社員になってからも仕事量は減っていません。それどころか建設業界は需要拡大に伴う仕事量の増加と慢性的な人手不足に陥っていることから、派遣社員でも忙しく働いている人ばかりです。

「じゃあ、なぜ派遣社員になったんだよ」と言われそうですが、私が「派遣」という働き方を選んだのは、仕事量を減らしたいという理由からではなく、より面白いプロジェクトや自分のスキルを伸ばせる高度な環境を求めてのことです。

まあ、そんな偉そうなことを言っていますが、私はどこにでもいる普通のサラリーマンの一人です。一介の技術者です。外資系で圧倒的な実績を残して最年少で役職に就くといった経験はしていません。

それでも、労働時間を短縮しながら自己成長ができ、残業時間を大幅に減らして周囲から大きな信頼を得ることができます。その方法をお伝えしたくて、この本を書くことにしたのです。

残業が増える分岐点とは?

ところで、残業が増えるきっかけとは、どういうものでしょうか。

なかには一年を通して残業という人もいるでしょうし、急に退職者が出てその分のしわ寄せがきてしまった、という人もいるでしょう。

私の場合はどうだったか?

私は平成14年の春、希望と不安を抱きながら社会人としての第一歩を踏み出しました。

入社した会社は地元の建設コンサルタント会社です。地元の同業のなかでは比較的大手の部類に入ると思います。

当時、同級生で同業を選んだ人は数少なく（なぜ少ないのかは後に知ることになります）、あまり情報を集めないままの入社だったので、労働環境についてはよくわかっていませんでした。

忙しくなり始めたのは、入社1年目の年度末あたりでした。それでも周りの社員に比べれば格段に少なく、ひと月で最大60時間ほどで済みました。平社員はもちろん、課長・部長といった役職をもった方々もそれ以上の残業をしていました。当時は今よりも長時間の労働が問題視されていないころであり、残業が月に１００時間を超える人はすごくたくさんいたのです。

公共事業では、国民の税金を投じて道路などを作っています。そのため「赤字を出してでも納期厳守」という暗黙の了解があります。道路の開通が予定より遅れると迷惑をこうむる人がいますし、「税金を使ってるのに何やってるんだ！」というお叱りをいただくことも。さらに国のメンツにも関わります。赤字といっても数百万レベルではなく数億という世界です。

その一方で、忙しいから人が入ってこない、人が入ってこないから忙しいという負のスパイラルがありました。

仕事に罪悪感をもち込まない

そんな環境に身を置いて仕事をしていくうちに、私のなかに「働くからには、残業するのは当たり前なんだ」という意識が自然と根づいていきました。この状態が「世間のスタンダード」と思い込んでいたのです。

また、一定時間を超える残業については「サービス残業」も当たり前になっていました。当時は建設不況に入った時期でどの会社も業績が思わしくない時期でした。

普通に考えればそんな状態のときはそれほど仕事がないように思うんですが、当時は受注優先、赤字覚悟で仕事をねじ込み、売り上げはさして上がらない状態なのに仕事は山積み、という状況だったんです。

業績が思わしくないという情報は社内でも共有されていて、「経費がかさむのに、残業代を請求するのはよくないな」という雰囲気になっていました。不思議なもので、上司から「残業つけろよ」と言われるほどに申し訳ない気分になるのです。

業績が思わしくないということは、自分たちが結果を出していないという見方もできるわけで、一人だけ定時で退社するのも気がひけるんです。

単純に言えばこういう状況を「ブラック」と表現するのかもしれませんが、私の場合、会社に残業することを強要されたわけではありません。

残業（もしくはサービス残業）の習慣化は、こんなふうにゆるやかな強制力をもって始まることが大半ではないかと思います。

しかし、社員が恒常的に長時間のサービス残業で支えている会社なんて、もし自分が外部の人間だったら疑問をもつでしょう。

とはいえ、私が自分の残業を減らす取り組みを始めたのは、ここから数年後のことです。月に１００時間程度の残業ならどうとでも乗り切れてしまうんです。しかも充実感すら感じていたので、むしろ家に帰る手間が面倒になるほど、私は仕事にのめり込んでいったのでした。

② 体力勝負の考えを切り替えよう

なぜ思考停止に陥るのか?

先ほど、「100時間ならどうとでもなる」と言いました。

が、今であればかなり問題視される働き方です。

1日の労働時間が8時間、1カ月に20日働く場合、1カ月の労働時間は160時間です。このうえ、残業が月に100時間ということは1日の労働時間は13時間。昼休みを1時間挟むとすると9時に始業し23時にようやくその日の仕事が終わるわけです。

このときの私は、そんなことを考えることもなかったし、異常だとも思わず日々を過ごしていました。まさに「思考停止」の状態だったんです。

ところが、その後さらに残業が増え、ついに300時間を超えることになりました。

その始まりが平成16年10月23日に発生した、新潟県中越地震です。各地に大きな被害をもたらし、直後から社内も非常に慌ただしい状態となりました。

私の残業時間は地震直後から日に日に増大していき、毎日深夜まで業務に没頭する日々が続きました。**土日も返上で夜遅くまで会社に詰めることになり、しまいには1日おき・2日おきに家に帰るという状態になってしまいました。**

そして月の残業時間は瞬く間に200時間を超え、気づいたときには300時間をオーバーする状態になったんです。

私がいた会社のみならず、他の同業他社も多忙を極めていました。役所に勤める職員の方々も慌てふためく状態であり、その労働時間を異常だと思うことはなかったんです。

後日、中越地方のとある自治体役場に勤めていた若手職員が、災害復旧のあまりの多忙さゆえに過労死した、ということを人づてに聞きました。新聞などでも報道されたんですが、私にはとても他人事とは思えませんでした。

使命感や成長欲に振り回されない

繰り返しますが、そのときの私は長時間の労働を異常だとは感じていませんでした。

周りの人も同様に忙しくバタバタと働いていましたし、建設業界に身を置く者として、自分たちが災害発生時に役に立つのは当然だという使命感があったからです。

そして恥ずかしながら**「自分自身が大きく成長できる機会にしたい！」**という身勝手な想いもありました。災害復旧を経験することは、今後のスキルアップにものすごく大きく貢献する、ということを先輩社員より聞いていたのです（この「成長欲」がこの後自分の首を絞めることになるのですが……）。

しかし、張り切って業務をこなし、どうにかひと区切りついたころ、私の心身に変化が生じてきました。何を食べても味がしない、いくら休んでも疲れが全然取れない、という状態になったんです。

だからというわけではないですが、このころに転勤をしました。

私が希望した転勤先でしたし、「心機一転頑張ろう！」と気合を入れ直して赴任したんです。しかし、それが長続きせず、また同じ状態が再発しました。加えて、やる気が起きない、朝寝床から出られない、さらには体調を崩してしばらく会社を休むことになりました。

その後、勤務を再開したのですが、状態は相変わらずで「このままでは仕事に支障をきたすかもしれない」と思い、退職することになりました。

自分のキャパシティの限界を知る

しばらく休んだ後、思い切って環境を変え、首都圏の会社に転職しました。中小の会社でしたが、それゆえに社長や社員同士の距離が近く、温かい環境のなかで仕事をできることに喜びを感じ、再び仕事に熱中する日々が始まりました。

こちらでもかなりの残業をこなしていました。**徹夜もいとわず働いていましたが、苦になりませんでした。それ以上に、大きなプロジェクトに関われた喜びが大きく、辛さよりも充実感が勝っていたんです。**

このころ、私は「何でも自分でできるようになりたい！」という気持ちがかなり強く、自分が担当しているものすべてを自分でこなそうとしていました。当時の先輩から「もっと分担することを考えて、お前しかできないことに集中しろ」とアドバイスをもらっていましたが、生意気なことに耳を貸さなかったんです。

だんだんとキャパオーバーになり、エネルギーを消耗していくのは当然の流れでした。

私は前職でやってしまった失敗を、ここでも繰り返してしまったんです。

そんな生活が半年ほど過ぎて、また体に異変を感じるようになりました。やる気はあるけど体が動かない。あるいは体は元気だけどやる気が起こらずだるい。気持ちと体のリズムが合ってくれず、狂っているように感じるのです。

それでもだましだまし仕事を続けた結果、明らかにパフォーマンスがおかしくなっていきました。それまでちゃんと考えていたことを考えない。チェックしていたことをチェックしなくなる。いろいろなところで、それまでできていたことができなくなっている、と感じていました。

そして医師の診察を受けました。「軽い鬱の症状が見られる」との結果でした。

持続可能なやり方を見つけよう

私はこのとき、ようやく自分の働き方に問題があり、そこに真摯に向き合って自分を立て直す必要があることに気がつきました。世の中には寝る間も惜しんで体力勝負の働き方で成果を出す人もいます。しかし、私はそういうことを長期間に渡って継続できる人間ではなかったのです。

紆余曲折、いろいろと遠回りしましたが、この体験は私にとって決して無駄ではありませんでした。**仕事に夢中になるあまり長年思考停止していた私が、自分の身を守りながら成果を出すために、いかに労働時間を減らしていくかを本気で考えるきっかけになったからです。**

以前の会社で年齢の近い人と飲んだとき、「なんでこんなに働いてるんだろ？」と一人がふと漏らしたことがありました。当時は気に留めなかったですが、このときになってその言葉を思い出し、自分に問うてみました。

「そもそもこんなに働く必要があるのか？」

「ここまで心身をすり減らして働かなければ生きていけないのか？」

答えはいずれも「ノー」でした。それよりも、「残業を減らし、他の人に遅れを取らないように自分自身を高めて付加価値をつけること」が、私にとっては重要だったのです。

このときの気づきが、「残業を減らすためにどうすればいいのか？」を考え、実行する糸口となりました。

3 残業の損得をときどき見直す

残業は自ら選択するもの

テレビやネットのニュースなどでも報じられているように、昨今、長時間の残業で多くの人が苦しんでいます。鬱になったり過労によって障がいを負ったり、最悪の場合、過労死という痛ましい出来事がニュースなどで報道されています。

多くの人は、「残業」や「長時間労働」と聞くと、マイナスイメージが先にくるのではないでしょうか？　私も従業員を洗脳したり正常な思考を奪ったりして、無茶な残業を強いる企業には怒りを覚えます。

ただ、自分の身を守るのは自分しかいないという現実もあります。

常軌を逸した会社は早めに見限るほうがいいと思う一方で、とくに中小企業などでは残業があるのは割と普通のことであり、そういうところでは**自分なりに工夫して自分の**

生存率を高めていくことが重要だと考えています。

本書では、その方法と考え方について述べていきますが、その前に、残業について私がどういう視点を持っているかを書きたいと思います。

私は残業は個人が選択するものだと思っています。「残業＝敵」とは思っていないし、何が何でもしてはいけないものだとは思っていません。

ライフステージによっては残業代がほしい人もいるでしょうし、実力が同じくらいだったらより時間を投入した人のほうが高い成果を出しやすいかもしれません。まれには、会社での滞在時間で部下を評価する上司もいるでしょう（残業する必要がなくても残っている部下のほうを優遇したり……）。

「残業を選択する」のであれば、残業には残業する人それぞれの目的もありますし、かける時間や仕事内容の違いもあります。事情は人によって違いますが、**やるべきことをやっていれば、残業をするのもしないのも自分が決めていい**ことだと思います。

成長スピードは結果論

実際、私は軽い鬱になりつつもかなりの残業をこなしてみて、「得るものがすごく多かった！」と感じています。例えば次のようなことです。

・業務に必要なスキルが飛躍的に伸びた
・自分に合った業務の進め方を見つけられた
・効果的なコミュニケーションが仕事を円滑に進めることがわかった
・業務遂行に必要なマネジメントスキルが身についてきた
・人（同僚、上司、あるいはお客さん）が何を求めているのか考えるようになった
・最良の結果を出すために、みんなが得するような配慮が身についた
・自らが主体的に動けるようになった

このころの私は早く成長したいという思いが強かったので、残業は大歓迎でした。こうした仕事の根本となるところや仕事を進める際のアウトラインなどは、職種に関係なく共通する部分が多く、ビジネスマンならいずれは身につけなければならないものです。実際、土木工事の現場で培ったスキルが、さまざまな業種の製造現場やシンクタンクなどでも存分に活きているという話も耳にします。

ただ、間違ってはいけないのが、**これらは残業しないと得られない能力ではない**ということです。長時間残業（＝忙しい現場）によって「結果的に、より短期間で伸ばすことができた」のです。

残業しなくても普通に継続して働いていれば、たいていの人はいずれ一人前になります。どこかで見切りをつけないと永遠に長時間残業は終わりません。

残業をすることが、「今の自分」にとって必要かどうかというのは、よく考えたほうがいいと思います。そのうえで「残業を減らす」という明確な意志をもつことが、残業削減の第一歩と言えるのです。

今の時間とお金が将来の自分を作る

次に、「残業代を稼ぐために残業をする」という目的を考えてみましょう。

就業時間後に予定がない日は会社にいたほうが稼ぎやすい、という感覚を持つ人もいるでしょう。わざわざ別のところでアルバイトするより効率もいいかもしれません。割り増し分の賃金が上乗せされますしね。

「お金」は人が働く目的において、ものすごく大きなウェイトを占めています。もちろん私にとってもそうです。

しかし、お金のためだけに残業すると、他の何かを失っていことに気づきにくくなるのではないかという不安もあります。失っているものとは、ダイレクトに言えば時間ですが、その時間に付随する、学びや人間関係や休息やその他のチャンスなども関わってきます。そういう**目に見えない損得まで考慮し、こまめに残業のやり方を点検していくことが大事**だと思います。

最近は給料だけではなく、「自分が働きやすいと感じられるか?」「やりがいを味わうことができるか?」ということも重視して、就職先・転職先を決める人も増加しています。

自分の価値観で折り合いをつける

私自身は、知らず知らずのうちにお金に縛られるのではないかという危機感を強くもっています。

というのも、これは個人差が大きいと思いますが、「お金のため」という意識で働いているときは、心身が窮屈で成長を感じにくかったですし、仕事も楽しくなかったからです。身の丈を超えたお金の使い方をして、人に迷惑をかけてしまったこともあります。

なので、私は残業に対してはお金以外の目的（「出世するため」でも「旅行に行くため」でもいいです）をもつほうがいいと考えています。

また、極端なところでは、私の知り合いで何人か、大手企業や外資系でかなりの額の給料をもらって働いていたものの、心身に異常が発生して退職・休職した人がいます。

この人たちは必ずしもお金を目的に残業していたわけではないと思いますが、もらっている給与額が多い分だけ、膨大な仕事量や大きな責任を担っており、仕事と健康面での折り合いがつけられなかったということでしょう。

「お金と仕事」については人によって価値観のバラツキが大きいですが、大事なのは、自分なりに残業のメリット・デメリットを正しく把握していることだと思います。

④「ハイハイ」言っているうちは、残業は減らない

まず「使われる存在」から抜け出す

「残業を減らす」という目的を明確にすると、自分が仕事をコントロールする立場になれます。

残業をする理由を普通に考えたら「忙しいから」とか「仕事が予定通りに終わりそうにないから」でしょう。これらは必要に迫られたから、上司の指示だから、というような、外からの影響による部分が非常に大きいと思います。

こんなふうに、周りから与えられるままに残業するようなことは、しないほうがいいです。**知らず知らずのうちに「周りに使われるだけの存在」になりやすい**からです。

残業と忙しさは表裏一体という側面があります。職場が忙しいときに自らの意志で動くというのは、実はハードルが高いものです。誰もがまともに立ち止まって考える余裕

がないからです。

目標に基づいた行動で消耗を防ぐ

私は、前述した災害復旧の仕事でもそういうことを経験しました。ただでさえ多忙なのに、夜中に客先に呼ばれて事務所を訪問し、あれこれとお説教をされたことがあります。当時は、同業のいくつかの会社と共同で仕事をしており、各社の担当者も一緒に赴きました。

お説教の内容は、「この状況でそんなこと言われても……」と思うようなことで、面談が終わったあとは「このクソ忙しいときに、こんなことで呼びつけるなよ」という感じで不満を言う担当者もちらほらいました。

相手はお説教する目的で私たちを呼び出したかどうかはわかりません。そもそも目的があったのかもわかりません。私たちのほうも呼ばれたから行ったという感じです。

クライアントのガス抜きという意味では効果はあったかもしれませんが、今考えるとそのために何人もの担当者が夜中に時間を割いて行くなんて、あの非常時にずいぶん非効率だったと思います。

これは極端な話かもしれませんが、こんなふうにこちらの状況を一切考慮せず、一方的に要求してくる人というのは結構います。

だからといって**言いなりになっていると、「ムダなことをさせてもいい人」と思わせてしまう**のです。「残業を減らす」という明確な目的を持つのは、こうした自分の消耗を防ぎ、思考停止にならないためでもあります。

「残業を減らす」という目的に基づいた仕事の仕方をする。資料を作る。会議をする。そうすれば仕事のやり方がスムーズになり、主導権が自分に移ってきます。

主導権を握っているのが自分なら、周りが言うことに無意味に歩調を合わせる必要がなくなります。上司にも「残業する必要がない理由」を論理的に説明できるでしょう。

これだけでも、月ごと年ごとで残業時間を減らすことができます。

どこから手をつけたらいいのか？

こんなふうに「仕事のやり方を変える」必然性を説くと、一筋縄ではいかないと思う人もいるでしょう。多くの人は上司や前任者に教わった通り、決まったやり方で仕事をしているからです。しかし、これについては何から手をつけるかにもよります。

あまり目立たないように小さなところから変えていくのか、それとも誰の目にもわかる形で行動を起こすかです。「残業を減らす」という目的のためには、いずれ両方に手をつけることになると思います。

もちろん、管理職など上司が仕事のやり方を決めていて、部内・課内でそれに従うことが決まっているということもあるでしょう。

あるいは社内で具体的に仕事の手順などが定められていて、「これが絶対！」というような風潮のところもあるようです。国際規格であるＩＳＯを導入している会社では、ちょくちょく見られる現象のようです。

しかし、まだ誰にも決められていないことに関して仕事のやり方を変える、あるいは変化を起こすのは末端の立場でも可能です。

ただ、その際ネックになるのが周りの目です。「なんでアイツだけそんなやり方をしているんだ？」とか「自分勝手なやつだ」と思われることもあります。私はここが「ハードルが高い」と感じる要因の一つと捉えています。

小さな改善もムダではないが……

なぜ自ら仕事のやり方を改善することに対して、周りの目が気になるのかと言えば、**「させられている」という意識**で仕事をしているからです。

言われたことを「はい、はい」と引き受けて、どんどん仕事量が増えていき、どんどん残業時間が増えていくという悪循環。残業を減らすということは、こんなふうに考えなしに仕事を引き受けることをやめることでもあり、周りの人との関係に微妙な軋轢《あつれき》が生じる可能性もあります。

私の場合「この状況を変えたい」と悩み、最初にたどり着いたのは「朝早く出社して仕事をする」ことでした。少なくとも朝早く出社することで注意を受けることはありませんし、当時の上司が朝早く出社される方で、その影響もあったかもしれません。

やってみると、確かに効率的に仕事をこなせるなと感じました。客先・取引先からの電話がかかってきませんし、自分の仕事に没頭できる環境だからです。

しかし、私は薄々気づいていました。**「結局今まで夜にやっていたことを朝に移動し**

ただけで、働いている時間量はたいして変わっていない」ということに。

たしかに多少効率が上がって、ちょっと早く帰れるようになりましたが、まだまだ残業時間は多く、根本から大きく減らすことはできなかったんです。

そんな日々の中、私は他にも、思いついた残業減らし策を一つひとつ試行錯誤していきました。詳しくは本書の第3章以降で述べていきますが、これらは、目立たない小さな変化のほうです。小さなことも一つひとつやることで効果は得られます。

根本から変える試みが必要

とはいえ、一度に全部着手したわけではありませんので、すぐには大きな結果につながりませんでした。ですので、このころはなかなか思うような形で仕事ができず、愚痴が日に日に増えていったことを覚えています。

同僚と連れ立ってお酒を飲んでは、職場の仕事のやり方に「何でこんなに残業するんだ」「何か非効率なんじゃないか」と不満を言い合っていました（余談ですが、この業界は私を含め、お酒が好きな人がすごく多いです。そのせいかわかりませんが、体型面で太っている人と痩せている人に二極化する傾向があります）。

ただでさえ忙しいのに、夜中から飲みに行って生産性のない話をするなんて、相当な時間の無駄だと思います。しかし、このときは考えもしなかったのですが、後々ここで培ったネットワークが残業を減らすうえでとても役に立つようになりました。

これについて詳しくは第2章で触れていきます。

ともあれ、この時点での気付きは、**一度に数十時間以上の労働時間を減らすには、「仕事の量」「やり方・手順」を根本から変える必要がある**ということでした。

周りの目を気にしていたら、その核心の部分に手を着けられない。そこで私は思い切って行動を起こすことにしました。それが、「勝手にノー残業デー」でした。

5 一気に残業を減らすために必要なこと

「勝手にノー残業デー」という挑戦

「ノー残業デー」という言葉は、みなさん聞いたことがあるでしょう。

企業などが、「従業員の働き過ぎの抑制」「仕事の効率化」「経費節減」といったことを目的に「従業員が残業しない日」を定めるのです。実際には、すでに形骸化《けいがいか》し、普段と同じように深夜までかかって仕事をしている人も多いようですね。

私もかつて同じような環境に置かれていました。会社で、毎週水曜日がノー残業デーと決められていたんですが、ほぼ実態を伴ってはいませんでした。

そこで私は、会社が決めたノー残業デーはこの際無視して、週1日だけ定時で帰ることに決めたのです。

決めたといっても、定時になったから断りもなく会社を出るというわけにはいきません。一般の企業から見るとおかしな話かもしれませんが、私は「残業しない日」をあらかじめ上司に届け出ていました。

職場の仕事状況に対応するため、特定の曜日にすることは避け、週初めの月曜日に、その週の「残業しない日」を決めて上司に伝えていたんです。誰に強制されたわけではありませんが、そうしなければ職場が混乱することは想像がついたためです。

気を遣うことしきりでしたが、この、いわば「勝手にノー残業デー」で、私は月の残業時間を30時間以上減らすことができました。

空いた時間で友人・知人との飲み会や食事会に行けたり、資格試験の勉強をやったり、セミナーに参加したりして、ものすごく充実した時間にすることができました。

私はもともと、「同業はもちろん異業種の人とも交流を持ちたい、人脈の幅を広げたい」と思っていたので、時間を作ってそういう機会にどんどん参加したかったんです。

もちろん、ときには家でゆっくりと心身を休めることもあります。健康こそが生活や仕事の基本ですから、「今日は疲れがピークだな」と感じたときは、家でゆっくりと読書したり、テレビを見たりラジオや音楽を聞いたりしています。

こうして週に1日、仕事以外で自分が楽しみにできる日を作ることにより、仕事への集中力が増すなど、他の日の過ごし方までいいほうに変わっていくように感じました。

ネックになるのは人間関係

しかし、そういう変化に単純に喜んでいられたのは最初のほうだけで、すぐに問題に気づきました。**ほとんど毎日深夜まで残業していた私が、週に1日残業しない日を作るというのは、私がこなすトータルの業務量が減ることにつながります。**

その結果、本来私がやったはずの仕事が、ただでさえ忙しい周りの同僚に振り分けられることが何度もあり、いつのまにか私は職場の人たちに白い目で見られる存在になりつつあったのです。

そして、追い打ちをかけるようにある事件が起きました。

この「勝手にノー残業デー」の日に、私が一人で居酒屋で飲んでいるところを、職場の先輩に目撃されてしまったのです。

これはすごく気まずかったです。当時、私は周りの目が気になって、定時で帰る日には「用事がある」とか「勉強会に参加する」といった、もっともらしい理由を言っていたからです。

それが良い気分でお酒を飲んでいただけとは、「なんだ、この嘘つき」と思われてもしかたありません……（実際に嘘をついてたんですけどね）。

それでも私は、この「勝手にノー残業デー」を引っ込めることはしませんでした。同僚には心苦しく感じていましたが、そもそも残業をするかしないかは私が自由に決めていいことだからです。

ただ、今後も働き続けていくうえで、**人間関係を悪化させないようにしつつ、残業を減らすことがものすごく大事**であると考えました。

仕事をするうえで人間関係が占めるウェイトは大きなものがあります。

私は週に1度のノー残業デーを続けながら、時には同僚にすり寄り、時にはおずおずと協力を申し出るなど、神経をすり減らして信頼の回復に努めました。信頼の回復に努めると言っても、相変わらず週1で定時に帰っていくわけですから、本当に気を遣います。

そうこうしながら、いくつかの方法を組みあわせ、ついに、200時間以上残業を減らすことができました。次章以降で詳しくお話ししていきます。

第2章

仕事量を
コントロールする方法

① もう抱え込まない、仕事のやり方

自分から周りに「借り」を作る

一定の効果を得られた「勝手にノー残業デー」に続く新しい残業時間削減の打ち手は、私が自分の信頼と居場所を取り戻すべく、こそこそと職場を奔走しているころには、徐々に形作られていました。

それは「コミュニケーションを媒介した仕事の分担」でした。

実に、残業をひと月当たり100時間程度減らせました。

具体的には、いくつかポイントがあります。

まず最初にやったことは**「仕事を頼みやすそうな人を見つける」**ことでした。

「また自分だけラクする気か」と思われそうですが、自分が追い詰められている状況で他人の仕事に手を出しても迷惑をかけるだけです。「いやいや、まずはお前の状況をどうにかしろよ」と言われるのがオチですから。

それよりは、勇気を出して周りの人に「借り」を作ってみることにしました。ここで言う借りとは、**人に仕事を手伝ってもらう**ということです。

そのために仕事中はもちろん、飲み会や会社のイベントなど、ちょっとしたチャンスを見つけては職場の人たちと雑談をするようにしました。

第1章で触れた「同僚と飲みに行って不満を言い合う」というのも、最初から考えていたわけではありませんが、結果的にはこの点で役に立ちました。

狙いは「人となりを知りつつ、距離を縮めて親しくなること」です。

「話しやすいかどうか」を基準にする

人となりを見極めると言っても、どうやって？ と思う方もいるでしょう。

簡単です。人には相性というものがあります。誰しも「話しやすい人」がいれば、「なんだかこの人苦手だなー」と思う人もいるはずです。

「苦手だ」と感じる人に、私は仕事を頼まないようにしています。なぜかというと「話しづらい」からです。

仕事を分担するうえでは、引き受けてくれた人が仕事をしやすいように、こちらが準備を整えるのは当然です。しかし、コミュニケーションで苦労する相手だと、相手の判断で仕事を進められてしまったり、不満を持たれてしまったり、こちらの意図をくみ取ってもらいにくいのです（これは相手が悪いのではなく、やはり相性としか言えません）。

そういう意味では、

・自分より立場が下の人、もしくは同等の人
・年齢が下の人

という基準だと、こちらの希望通りに動いてもらいやすいと言えます。あくまで目安ですが、こういった人には頼みやすいし、かなり高い確率で受け入れてもらえるんです。

また、雑談では**「趣味は何か？」「休日は何をしているか？」「お酒は何が好きか？」**という3つのことを、ほぼすべての人に質問していました。

経験的にこの3つの質問が話が広がりやすく、お互いを身近に感じやすいからです。

3つ目の「お酒」は私の趣味でもあり、私自身が楽しく話せることも混ぜておきました。

もちろんこれ以外のことも聞いてましたし、男同士だとここでは書けないことも聞いてましたね（笑）。そうやって人となりを知って、「この人なら仕事を頼めそうだ」と感じた人を見つけていきました。

複数の人を見つけておく

このとき、一人だけではなく複数の人を見つけておくといいです。当初、私は一人だけ見つければ十分と考えていました。しかし、それだとその一人がものすごく忙しいと、仕事を頼めなくなるんです。当たり前ですが、人数は多いほうがいい。

ただし、仕事のスピードアップを図るなら、先ほども言ったように「自分と相性が良い人」を増やすことが大事です。仕事にはストレスがつきものですが、「今話しかけていいだろうか」などと逐一気にしなくてはいけない人では、仕事がはかどりません。なるべく低ストレスでいきましょう。

より突っ込んで言うなら、「仕事を頼みやすい」というだけではなく、**「価値観が近い」**というのも重要です。あるいは**「考え方が近い」**人。完成度や、ちょっとしたイレギュラーへの対応など、仕事を引き受けてもらう際に説明に要する手間を軽減できます。

1を言って10わかってくれればベストではありますが、1を言って3をわかってくれるだけでも御の字です。そこまでわかってくれれば、相手もその先をイメージしやすいし、たとえわからなくてもこちらが改めて説明すれば、すぐに理解してもらえます。

分担しやすく仕事を整理する

次の仕事は、私の体験から、周りに振ることができると判断し、実際にやってもらったものです。このうちのいくつかは、多くの業種にも共通すると思います。

- 報告書の作成、体裁を整える作業（製本など）
- 各種データ入力、整理とりまとめ
- CAD（コンピュータを用いた製図システム）による図面作成、図面チェック作業
- プレゼンテーションレジュメ作成
- 打ち合わせに使用する資料の作成
- 資機材の手配（何を手配するかをこちらが決め、指示をする）

例えば「報告書の作成、体裁を整える作業（製本など）」「各種データ入力、整理とりまとめ」といった作業は、多くの業種で必要とされます。

これらは内容さえきちんと指示をしておけば、極論、誰でもやることができます。しかも、手間と時間を必要とするものです。

自分の仕事内容や立場などに応じて優先順位をつけ、任せるところは任せて、自分にしかできないことをやったほうが効率的です。逆に自分が手伝うときも、こういう作業的な仕事や、型が決まっている仕事ならすぐ手をつけられます。

一度自分の仕事を棚卸して、いつでも分担できるように把握しておきましょう。

バラバラに進めている仕事を、要所要所で分担することで短い時間で進められることは多いのです。例えば何章にもなる報告書を作成する際、各章を分担してまとめることによって同時に進めることができ、完成までの時間を短縮することができます。

なお、職場にもよりますが、仕事を頼むときは、あらかじめ自分が所属するプロジェクトのリーダーと、相手の上司に理由を言って、了解を取っておくほうがいいです。ここそ頼むと誤解を生んだり不信感を持たれかねません。状況をつかんで管理するのが上司の役目でもありますから、配慮しておきましょう。

②仕事を分担するための2つの戦術

7やってもらったら3返していく

先ほど述べた、自分から「借り」を作るというのは、仕事において周りの人たちと協力体制を築くための最初の一歩です。このコミュニケーションで、職場の人たちも、仕事の貸し借りに馴染んでもらいやすくなります。

もちろん、周りの人も忙しいですから、頼んでも断られることもありますし、断られてもいいと思っていました。個人的に、職場でそういうやりとりが気軽にできるようになりたいと考えていたのです。

私は課長とかチームリーダーとかの管理職ではなかったため、職場全体のことを考える必要はありませんでした。協力してくれそうな人にだけ声をかければ十分なので、過度に職人気質の人や、仕事の分担を嫌がる人から反発されずに済んだのです。その意味では、末端社員だからとれた行動だったのかもしれません。

ただ、**自分の仕事を手伝ってもらってばかりでは、最初は協力的だった人たちもいずれ協力してくれなくなります。**「アイツは何なんだ？　人に仕事を押しつけてばかりで。少しくらいこっちの仕事を手伝ってくれてもいいじゃないか？」なんて思われるのがオチです。

できることなら時間内に終わらない仕事は全部人に押しつけたい！　もといい、分担できることはお願いしてしまいたいところですが、いつまでもそうも言ってられません。煩わしいヤツだと思われないよう、自分も職場の一員として、周りの人の仕事に貢献していくことが必要になってきます。

では、どのようなやり方で貢献すれば、残業が減るのか。

そのためには、バランスを考えながら実行することが大事です。

自分と相手と半々までしなくともいいです。内容は後で詳しく述べますが、量的な意味で、10のうちコチラが7やってもらったら、3を返すイメージです。

このバランスで、一方的に人に頼るだけでなく、**双方向にメリットのある分担のやり**

ています。

方を実践していきます。私は、「仕事の交換」と「仕事の取引」という2つの戦術を使っ

戦術その①「仕事の交換」

まずは「仕事の交換」ですが、「交換」といっても、お互いに同じくらいの作業量の仕事を交換するのなら、時間の短縮にはなりません。ただ交換すればよいというわけではないのです。

「交換する」ということは捉え方を変えると「他の人の仕事を手伝う」ということです。自分目線からは「交換」なんですが、**相手目線だと「手伝ってもらえるんだ！」と得しているように感じてもらえるのがミソ**です。もっと噛み砕いてお話しすると、私たちがやるべきことは、より忙しい人、できれば一番忙しい人を手伝うことです。

考えてみてください。自分が忙しいときに、周りの人に仕事を手伝ってもらったら、心から「助かった！」と思うでしょう。ネコの手も借りたいときに、差しのべられた手はありがたみが違います。

このとき誠意をもって手伝うのは当然ですが、相手にとって手伝ってもらった「量」は、

仕事の交換とは？

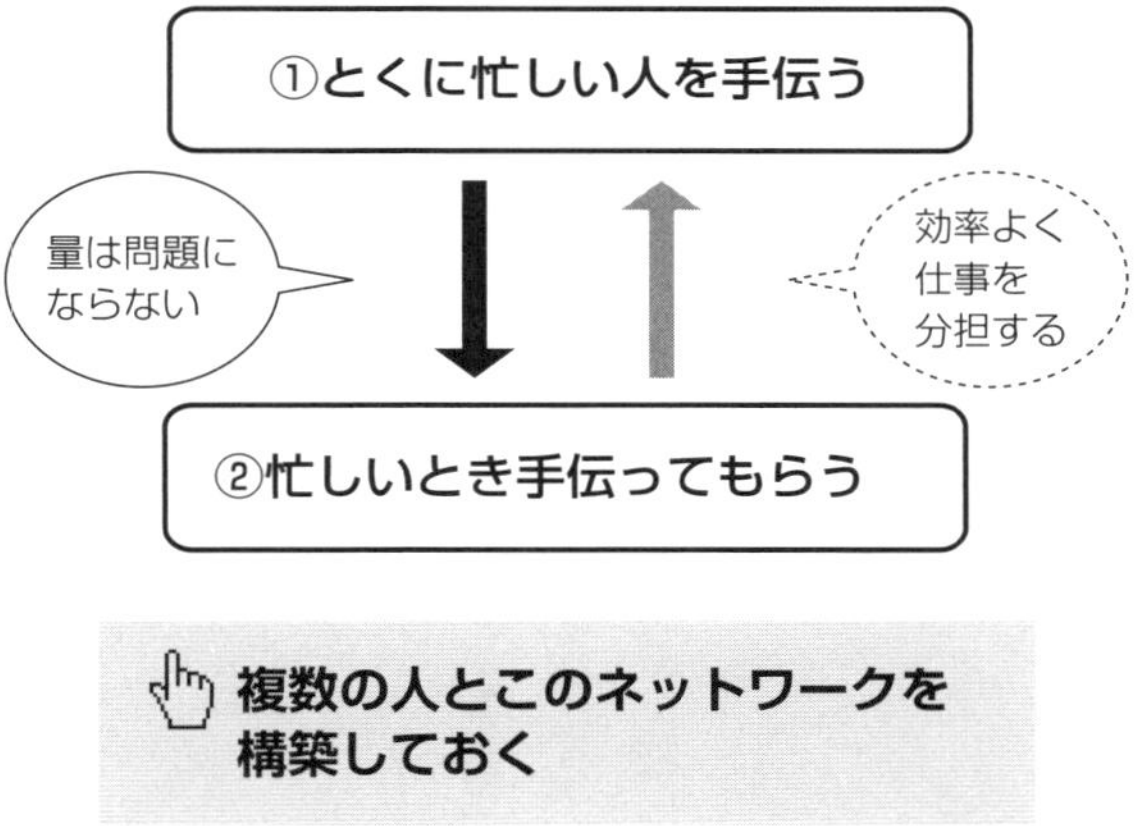

それほど問題にならないのです。

これによって、自分が忙しくしているとき、周りの人から「手伝おうか」と言ってもらいやすくなります（もし言ってくれなかったとしても、大分頼みやすくはなるでしょう）。そのときに効率よく仕事を分担することにより、自分の労働時間を減らすことができるということです。

もちろん、他の人の手伝いをしたからといって、その場ですぐなんらかの見返りがあるわけではありません。

「仕事の交換」とは、手伝いのネットワークを作っておき、そのネットワークを効率よく使える人ほど、残業を減らせるという仕組みなのです。

忙しくないときには交換する必要は生じないため、長時間の残業が続いている職場のほうが、より大きな効果を発揮すると思います。

忙しい現場では誰もが余裕がありません。そのなかでも誰が最も緊急かという話になります。手伝う側もヒマではないからこそ、相手を気遣う価値があるのです。

戦術その②「仕事の取引」

残業を減らすためのもう一つの武器が「取引」です。

「交換」と違うのは、最初から明確に取引条件を提示する点です。

例えば、こちらが仕事を分担しようとしても、周りも同じように忙しい場合、頼みづらいものですよね。

そういうときには、まずこちらからダメもとで仕事を手伝ってもらえないかと頼みます。すると相手が忙しい場合はだいたい断られます。そこですかさず「こちらの仕事が終わったらそちらの仕事を手伝うよ」ということを提案するのです。

すると相手は「手伝ってもらえるなら……」という条件付きで、検討してくれるようになります。そして自分が抱えている仕事が終わったら、約束通り手伝ってあげるわけ

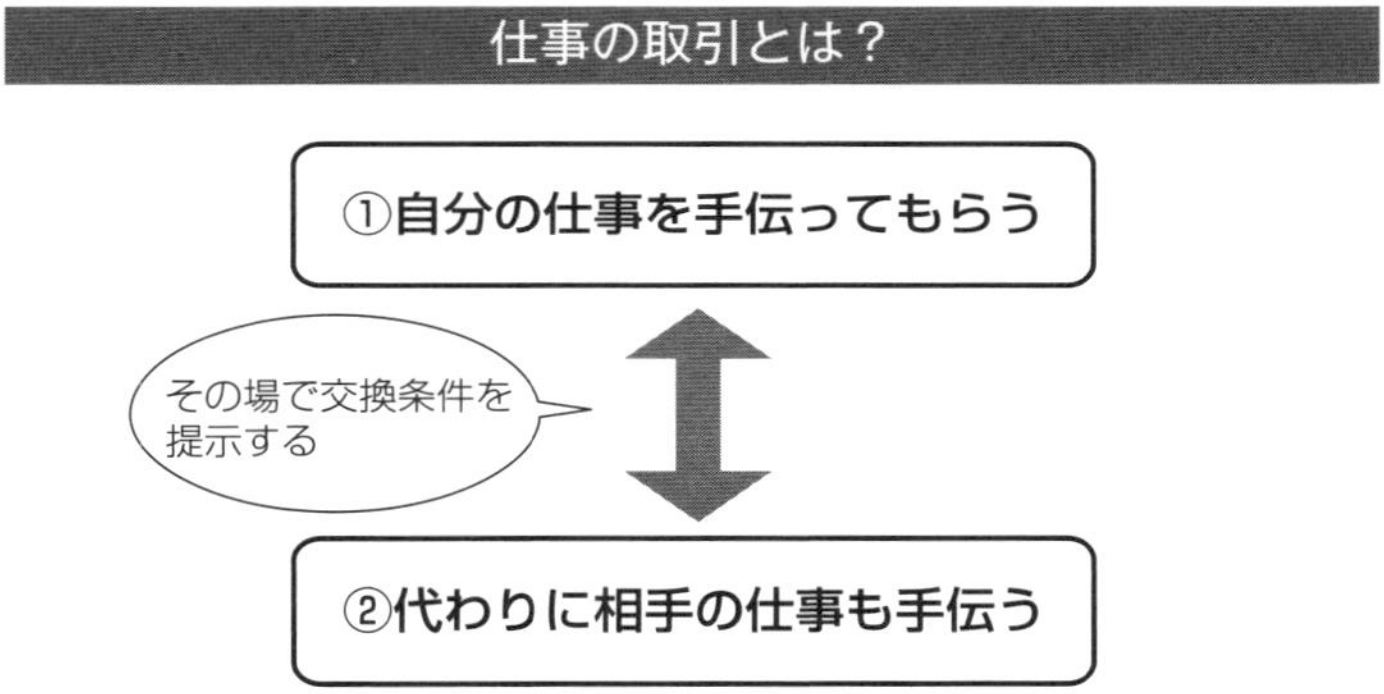
仕事の取引とは？
①自分の仕事を手伝ってもらう
その場で交換条件を提示する
②代わりに相手の仕事も手伝う

緊急なほうを優先。全員忙しいときも一応助けは求めておく

です。

ただし、「どちらの仕事が緊急か？」をきちんと把握しておきましょう。

向こうの仕事のほうが切羽詰まった状態なら、逆に相手の仕事を手伝ったあとに、こちらの仕事をやってもらうほうがいいです。

最悪の場合、仕事を頼める人が全員忙しくてどうにもならないこともあります。このときも一応、「助けてほしい」ということを周知しておいたほうがいいです。

状況を伝えておけば、早く片付いた人が手伝いに来てくれるかもしれないからです。

断るべきときはキッパリと

ここで一点注意があります。それは、逆に自分が仕事を頼まれることがあっても「いつも周りの人の手伝いをする必要はない」ということです。

自分が忙しくしているときに他人の仕事を手伝い、それによって自分の仕事が期限内に終わらなかったら本末転倒です。

そういうときは、「きっぱりと断る」ことも大切です。

私は以前、自分が忙しい状況にも関わらず人の手伝いを優先し、自分の仕事の進捗が遅れてしまったことがあります。「ノー」を言う勇気がなかったために、かえって周囲に迷惑をかけてしまったのです。

こういう残業減らしの行動を起こしたばかりのころは、自分も大変なので、逆に周りの人から仕事を頼まれたとしても、断らざるを得ないことも多いです。

私の感覚では、月の残業時間が100時間を切るまでは状況によってできる限り、100時間を切ったら積極的に他の人を手伝うようにするとよいと思います。

また、残念なことですが、なかにはこちらの恩をアダで返す人がいます。何度か手伝ってあげたことで調子に乗り、こちらの都合も考えずにどんどん仕事を振ろうとする人が少なからずいます。そういう人の場合は、次は手伝わないようにする、というのも選択肢として持っておいてください。

最悪こちらの仕事に影響が出てしまいかねないですから。

もちろん、断ってばかりだと周りに嫌われる可能性が高いので、そうならないように普段から周りに声かけをしておくことが大事です。

私は自分の仕事がひと区切りつき、余裕が出てきたら「自分の仕事が区切りついたんで、手伝いましょうか」と、忙しそうな人に声をかけることにしています。

相手からすれば、ものすごくうれしいことです。「こっちのことも気にかけてくれていたのか！」と思ってもらえますから。

これも「仕事の交換」の一種です。前にも言いましたが、相手にとって手伝ってもらった「量」は問題になりにくいのです。仮に相手が「いや、今回は一人で大丈夫」と言っても、私が声をかけたという事実は残ります。

③ 周りがやりたがらない仕事に活路がある

これで「量」を減らせる！

仕事を分担する、交換する、取引することは、残業時間を減らすうえでとても効果があります。先ほど、仕事の分担は10のうちコチラが7やってもらったら3を返すイメージと述べました。これはあくまで、量的にこちらがメリットを得るという話です。

その代わりと言ってはなんですが、私は仕事を分担、交換、取引するときは、相手がやりたくないことを引き受けるようにしています。

自分ができることのうち、相手が苦手にしていることとか、少し難しいこと、面倒なこと、あるいはあまり面白みがないことなどをやってあげるのです。そうすることで、こちらは量を負担することなく、相手にメリットを提供できます。

まとめると、仕事の分担を自分から申し出る際は、

①相手が苦手としていること
②手間がかかること

をなるべく引き受けることです

①は相手がやるより自分がやったほうが、早くできたり質が高くできる業務のことです。単純に相手の気が楽になりますし、良い結果も出やすいでしょう。

②については、文字通り手間がかかる仕事です。手間がかかることを引き受けたら、残業が増えると思う人もいるでしょう。それも一理あります。ただ、誰もやりたがらない仕事をあえて引き受けることで、自分の価値を向上させることができます。

手間のかかる仕事は慣れの問題が大きいです。どこを効率化すればいいか、どこに注力してどこが手を抜いても大丈夫なところかが身につけば、余力を残してできるようになります。

私は普段建設業界で働いており、役割上図面を描いたり修正したりという作業が多いです。これは結構労力と時間を要します。図面を描く仕事専門でやる人もたくさんいるくらいなので、片手間で終わるような仕事ではないのです。
そういう仕事を手早くやれると、周りの人たちの負担が軽くなり、存在意義が増します。

「苦手なこと」は少ないほうが有利

自分以外の人の仕事に関わるメリットとして、スキルの向上があります。また、視野が広がり、周りを見るようになったり、状況を観察する癖がついていくんです。

得意なことを手伝うのであれば、より知識や技術を磨きつつ、さらに精度を上げていくことができます。その分野の専門家として自分の能力を示すことも十分に可能です。

不得意なことをやる場合は、気分が乗らないかもしれません。しかし、自分の仕事の幅が広がるし、新たな分野への挑戦の糸口になります。特定の分野に凝り固まった存在になることなく、総合的な知識・スキルを持ったビジネスマンとしての能力が、花開く良い機会になり得るんです。

それに、**「苦手なことはやらない、できない」というスタンスだと、自分に不利なことが起こります。** 基本的に仕事で協力し合うには、お互いにとってメリットがあることが重要です。ところが、相手はこちらの仕事をほぼ手伝えるのに、こちらは相手の仕事

仕事を引き受けることのメリット

・相手が苦手な仕事
相手がやるより自分がやることで良い結果が出る

・手間がかかる仕事
慣れれば余力を残してできる。職場での価値が高まる

・自分が苦手な仕事
自分の仕事の幅を広げ、総合的な知識・スキルを身につける

・未経験の仕事
勉強になるが、緊急事はより適任な人を探すほうがいい

相手に「助かる！」と思ってもらえることを優先する

を必ずしも手伝えるわけではないとなれば、そこに不公平が生じます。

つまり、相手のほうが扱える仕事の幅が広く、有能であるほど、こちらを手伝うメリットが少なくなります。それに、部署やチームが進めている仕事が自分の不得意なことだったら、手伝えることがなくなってしまいます。

手伝ってもらう側からすると、相手が得意なことをやってもらうほうが質の高い仕事を期待できますが、自分と相手の得意・不得意がかぶっていることも多々あります。

手伝いは「相手のため」にするものなので、相手から「それもやってもらえる

のか！　すごく助かる」と思ってもらって初めて意味があります。自分が「何を引き受けるか」によって、相手の感じ方は変わってくるので、長い目で見ると「苦手な仕事も手伝う」ほうが得策です。

手伝いレベルなら自分に多大な責任がくるわけではないですし、依頼を受けた人にどんどん聞ける状況でもあるわけですから、安心です。

ただし、仕事の種類や難易度にもよりますが、緊急のときは未経験の分野はなるべく避けたほうがいいと思います。時間的にゆとりがあり、十分に手間暇をかけることができる場合を除いて、より適任な人がいればそちらにお願いしてもらうほうが確実です。

なぜなら、緊急のときはわからないことが多いにも関わらず、逐一教えてもらうわけにもいかないからです。手探りで進めていくのでミスや手戻りも発生しやすくなり、かえって迷惑をかける可能性が出てきます。

厄介な仕事で主導権を握る

ときどき上司や客先から、突然、無茶な仕事を振られることもあります。

このとき、面倒な仕事であればあるほど、「自分の都合を優先できる」「主導権を握れる」可能性が高くなります。

例えば、納期が厳しい仕事を任された場合、「その日程では厳しいので、○日まで延ばしていただけませんか」と言うと、相手は比較的すんなり折れてくれます。相手も自分が無理を言っていることはわかっていて、申し訳ないと思っているからです。

面倒な仕事を引き受けるということは、こちらにとって交渉の余地が大きくなるということです。本来の自分の仕事と折り合いをつければ、それほど大きな負担にならないことも多い。むしろ、**こうした機会に恩を売っておくことで、私は他の仕事でも上司や客先と納期を延ばしてもらうなどの話し合いをしやすくなっています。**

それに、忙しいときには、引き受ける仕事が大変かどうかより、自分のペースやスケジュールで動けるかどうかのほうが重要な場面はよくあるものです。

……とはいえ、もちろん客先から期限を指定されていて、その期限は厳守！　ということもあります。そういうときは辛いですが、期限に間に合うよう頑張りましょう。

それを乗り越えると、次はこちらが面倒に思っていることを引き受けてもらいやすくなります。

④ 仕事を分担するときの留意点とは？

「君のため」は100%警戒される

仕事を頼むときに大事なのは、「隠し事なくきれい事なく、素直に言うこと」です。

ときどき、自分より若い人や経験の浅い人に「あなたの成長につながる」とか「君のためになるよ」などと恩着せがましく言う人がいますが、言われた側は「困ってるからこっちに振ろうとしてるんだろ？」とすぐに魂胆を見透かします。

仮に本当に相手のためになる仕事だとしても、相手から見ればそれは仕事を手伝った結果の副産物に過ぎないことを忘れてはいけないのです。

手が足りないことや知恵を貸してほしいことがあったら素直に白状しないと、仕事がにっちもさっちもいかない状態になって困るのは自分です。「忙しくて困っている。助けてほしい、手伝ってほしい」と素直に頼むほうがはるかに援助を得やすくなります。

むしろ自分が困っていることを明かすことで、相手からの信頼は高まります。

「この人もこういうことに悩むのか……」

「いろいろとできる人でも、苦手なことってあるんだ」

こう思ってもらえると、相手との距離が縮まりやすく、今後も続けて仕事を頼んで受けてもらえる可能性が高まります。

相手の反応を3つに分類する

仕事をお願いしたら、相手の反応を注意深く観察します。表情や返答した際の仕草などを見てみてください。

「快諾してくれた！」と感じたら、次も類似の仕事を頼むと高確率で引き受けてもらえます。「反応がイマイチ……」と感じたら、別の種類（分野）の仕事を頼んでみます。「ムスッとされた」と感じたら、次は頼まないで別の人を探したほうがいいです。

快諾してくれた場合、質の高い仕事をしてもらえる可能性がものすごく高いです。

逆にムスッとされた場合、仕事そのものの質が低く、こちらが改めて修正することになるかもしれません。私は過去にそういう経験があり、手戻りが生じてかえって時間が

仕事を頼むときは相手の反応を見ておく

①快諾してくれた！

→質が高くなりやすい。次も引き受けてもらいやすい

②反応がイマイチ

→別の仕事を頼んでみると、反応が変わるかもしれない

③ムスッとされた

→質が低くなりやすい。次は別の人に頼んだほうがいい

気持ちよく引き受けてもらった仕事を、次も頼むといい

かかってしまったことがありました。

イマイチ・微妙な反応をされた場合は、「何が得意か？」「どういうことならできるか？（できそうか？）」をさりげなく聞き出してみることで、次回に活かすことができます。

上からモノを言わない

そして、仕事を頼んで引き受けてくれた人には、誠意を持ち丁寧に接しましょう。徹底的にフォローするくらいの気持ちを持っていたほうがいいです。

例えば、**自分の意図を理解しつつ、「こういうことも考えられないか？」ということを向こうが提案してくれたら、いったん**

きちんと受け入れるべきです。そのうえで、客観的に検討するといいでしょう。

「自分の頼みだけ押し付けて、相手の言うことははねつける」というのは良くない振る舞いです。上の立場からモノを言い始めたら孤立を招きます。

よく見られるのが、仕事を頼んでいる立場なのに、やってくれる人に対して雑な扱いをしたり、乱暴な言葉をかけまくったりすることです。

「そんなの自分で調べてよ」

「さっき言ったじゃん、何度も言わせるな」

「早くやれよ！　バ○！」

このような言葉、仕事をしていると一度や二度言われたことがある方も多いでしょう。

かくいう私も言われまくってました（苦笑）。実際、もっとすごいことや下品なことを言われたこともあります。何を言われたかはあなたのご想像にお任せします。

こういう言葉をかけられた人は、たいてい仕事の能率が下がります。

チェックしたら間違いだらけ、あるいはスピードが遅かったり、萎縮してしまって手が動かなくなってたり。まさに本末転倒。

指示を出す立場になると、自分の立ち位置を勘違いしやすいんですよね。

私もかつて、外注先に上から目線であれこれと指示を出していて、ものすごーく嫌われてしまい、相手の信頼を大きく損ねてしまったことがありました。当時の上司からもこっぴどく叱られた記憶が今も生々しく残っています。

忘れてはいけない協力者への気配り

仕事を交換したら、しっぱなしにするのは避けたほうがいいです。自分にできないことをやってもらったり、物理的にこなせないものを代わりにこなしてもらうわけです。**感謝の念を持つのは当然ですが、そのうえで、やってもらった仕事を相手の実績になるよう気配りすると相手により感謝されます。**きちんと、その人の手柄だと認めるということですね。それによって、次からも引き受けてもらいやすくなるのです。

ではどうやって実績にしてあげるのか?

一番有効なのは「その人の有能さを、クライアントにアピールすること」です。

「え、上司じゃないの?」「社内の人に実績を知ってもらったほうが、評価にすぐ跳ね返ってくるのでは?」と思われたかもしれませんね。

たしかに、通常であれば社内でアピールしたほうがいいですし、私もできる限り状況を見て上司に報告するようにしています。「この人の仕事を手伝っても、何もいいことがない」「手伝う意味、あるのかな？」と捉えられてしまったら、その後続けて交換してもらえなくなりますからね。

クライアントにアピールする

ただ、極度に忙しい職場では、それだと負の側面が出ることも多いのです。

負の側面とは、「そんなにできるんだったら、あれもこれも彼にやってもらおう」という流れになり、本来評価されるべき人の仕事がさらに増えることです。結果、「あの人の仕事を手伝ったばかりに……」ということになりかねません。

ところが、クライアントにアピールする分には、そういうことは起こりにくくなります。なぜなら、クライアントがさらに何かやってもらおうとすると、それは契約外の仕事になりやすいからです。

会社は営利団体ですから契約外の仕事までやるのは好ましくありません。トラブルの元になりやすいのでクライアントも強引には出てきません。それに契約外の仕事を押し付けられたら、断ることもできます。

一方で、クライアントにアピールして実績を認めてもらうことは、手伝ってくれた人の評価をものすごく高めることにつながります。

会社と会社のつき合いですから、遅かれ早かれクライアントから会社の上層部にそういった話が伝わりますし、上層部も外部から聞いた話なので高い信用度の元でその話を受け止めます。クライアントに認めてもらうことによって、その人が会社から大切に扱われるという側面もあるのです。

以上のような点が、人に仕事を頼むときに心がけたいことです。

仕事を頼める仲間を増やせれば、自分がラクになるだけではなく、ともに刺激を与え合いながら成長することができます。一緒に高みを目指す仲間にもなるわけです。

ぜひ相性が良い相手を見つけて、残業時間を減らしながら仕事に邁進しましょう！

5 スケジュールのオープン度合いを変える

非公開の部分を残しておこう

話は変わるのですが、実は私は「報連相」が苦手です。「報連相」とは、言わずと知れた「報告・連絡・相談」のことです。

報連相をしっかりしている人は、スケジュール管理がしっかりしている人が多いです。上司や周りの人に自分の予定をことごとく明かし、正しい状況を把握させてくれます。

これ、職場にとってはすごくいいことだと思いますが、本人にとっては負担になることも多いと思います。というのも、**個人のスケジュールがオープンになり過ぎていると、周りの人がそれに合わせて仕事をどんどん投げてくるということが起こるからです。**

私も「金山さん、月曜から水曜まで余裕あるんだね。ならこれもやっといてよ」と言われ、その量が途方もないものだったことがあります。ホントに凹みましたね。「今週はのんびりできそうだ」と思っていたのに、突然ガラッと状況が変わってしまった。

そんなこともあって、私は職場であまり細かくスケジュールを明かすことはしていません（もちろん必要なことは伝えますが）。

具体的に言うと、忙しい日については積極的にオープンにし、余裕がある日については言及しないことにしています。言及しないので余裕があるのかないのか、周りの人にはわからないと思います。なので、周りに振り回される必要がないのです。

予定に合わせて〝忙しさ〟を調整する

また、私は「忙しくないのに忙しく見せる」ということも、必要に応じてやっています（断っておきますが、いつもこうではないですよ（汗））。

「この週はプライベートの予定が多いから、残業したくない」というのであれば、その週は余裕がないように見せておくとか。

もちろんこの逆もアリで、「今週はガッツリ働きたい気分だな」と思ったら、「どんどん仕事振ってくださ〜い」というふうに振る舞ってもいいですね。

私は、自分の仕事の進捗だけでなく、職場の忙しさの度合いによってもスケジュール

スケジュールを思い通りに管理する

【残業漬けにならないための４つの原則】

◎忙しい日を申告し、それ以外は言及しない
◎予定が多い週は余裕がないように見せる
◎職場の忙しさに配慮して仕事をする
◎明日できることはなるべく明日やる

スケジュールに非公開の部分を作ることで時間を自由に使える

の公開度合いを少しだけ変えています。

ベストなのは、この両者のバランスを保つことです。どちらかに偏り過ぎないように気を配りながら残業時間をコントロールすることで、主体性を発揮していくことができますし、スケジュールもある程度までは思い通りに管理できます。

もう一つ、私は**「明日でいい仕事は明日やる」**ことを心がけています。

やれるときに残業してでも仕事を先に進めておこうとする人も多いですが、私はそうしたやり方とは一線を画しています。

先々の予定から逆算した結果、「今日やらないと間に合わない」という場合は別にして、無理に今日詰め込むことはないんじゃないかと思います。

あまり前倒しで進めていると、その分、別の仕事まで振られたりしますしね。

明日でいい仕事は思い切って明日やりましょう。来週でいい仕事であれば来週やりましょう。これだけで1日の時間の使い方に、大分ゆとりが出てきます。

上司には「期限と進捗」を伝えておく

次に、対象を「上司」に絞ってお話しします。上司に対して報連相を行うことは、誰しもが避けて通れないものです。

私はこの上司への報連相を、「自分の残業を減らす」ことを意識しながら行っています。

もちろん、これだけが目的ではありませんが、もっとも優先順位が高いということです。

まず、上司に対しては、普段は「期限と進捗」だけ報告しておけば良しとしています。

「その仕事はいつまでかかって、今、部下がどういうことをしているか?」これが上司の最大の関心事なので、状況を正確に伝えて互いに共有しておけば十分だと思います。

そもそも仕事を頼まれた際に期限を明確にするのはビジネスの常識です。

問題はどうしても無理な期限を設定されたときです。

こうしたケースでは、私はすぐにミーティングの場をもつようにしています。期限を決めないことには上司に報告できないし、仕事も進められないからです。同時進行で別の仕事を頼まれていたら、その依頼元である人も交えることがあります。関係者が擦り合わせた合意のうえで、優先順位を決めてくれるので日程がハッキリします。

考え込むのは時間の無駄！

そして、迷ったときは相談も大事です。

仕事を早く終わらせるためには、うだうだ悩む時間を少なくしていくことです。わからないこと、不安なことはどんどん相談して解決していけば、かなり時間を短縮することができます。

上司というのは、「わからないならなぜ聞きに来ないんだ」と言ったり「少しは自分で考えてから聞きに来い」と言ったりするので、面倒くさく感じる人もいるでしょう。私もかつては半日以上一人で悩むようなことがありました（私の場合は、何でも自分でやりたい一心だったのです）。

しかし結論から言えば、少し考えてわからなければ、さっさと聞いたほうがお互いのためにもいいと思います。部下の仕事が滞っていると、今度はそれを管理している上司の仕事も滞るからです。早めに相談することによって、

「A君は今ここをやっているのか。ということは、終わるまで○日くらいかかるかな」

「B君はここに悩んでいたのか。だとすると、次はこういうことに悩みそうだな」

ということを上司が把握できます。相談が報告を兼ねているので、いちいち報告する必要もなくなるんです。

……とまあ、偉そうに言っていますが、私は報連相が苦手なので、実はちゃんとやれていない日もあります。進捗を伝えないまま帰宅することもありますし。

いつもそんなだとまずいですが、上司も、普段頑張っているなかでのちょっとしたことは見逃してくれるものだと感じています。あまり気張らずにいきましょう。

報連相に限らず、できるだけ上司との関係を良くするように努めたほうが、仕事を進めやすく、融通が利きやすくなるという利点はあると思います。

⑥ 今の時代、一人で完結できる仕事は限られている

「何でもできる人」の価値が下がっている

自分の残業時間を減らすうえで、周りの人の手助けはとても頼もしく、効果的でもあります。ただしその恩恵を受けられるのは、日ごろから周りの人に対して、自分がどのような貢献の仕方をしているかによります。

今の時代、個々の力のみで仕事を完結することは、ほぼ不可能になっていると感じています。

それぞれが仕事に打ち込みながら互いを観察し、複数の人員で手分けして工程を受け持ったり、情報を共有したり、手を貸し合ったりすることを前提にして、困難な仕事や大きな仕事をやっていくわけです。「効率化」といっても、自分一人の問題ではなく、チームなどの組織単位で取り組むことを求められるようになっています。

今後は自分の専門能力を高めつつも周りとそれなりに連携できないと、社内で難民化するのではないかと私は感じています。

もちろん、一人でいろいろなことができる人はすごいと思います。知識や情報量が豊富だし、テキパキと仕事してどんどん終わらせていくし（私は今でもそうなりたくてしかたありません）。しかし、一人でできるキャパシティは限られています。どんなにデキる人であっても物理的に限度があるんです。

最近の傾向として、「何でもできる人」の価値が下がっているように思います。**価値が上がっているのは、周りをうまく使いながら膨大な量の仕事を短時間でこなし、素早く結果を出す人。**

つまり、外注したり社内で分担したりしてもいいので、短時間で結果を出すことが求められることが多い。いろいろな業種でそうなっているのを感じます。

上の立場の人と協力する方法

今、社内・部署・プロジェクトチームでスクラムを組み、一つの目的・ゴールに向かって邁進できることは、最良の仕事をするための要素の一つです。

昨年夏のワールドカップ、ご覧になった方も多いと思います。

優勝したドイツは個々のレベルが高く、控え選手やスタッフも含めて自分のやるべきことをしっかりと理解していました。一人一人がなすべきことをきちんと分かっていたことで、高いレベルのチームワークを発揮できた結果と言えるでしょう。

ただ、そう言いながら「平社員」とか「契約社員・派遣社員」という立場だと、必要にも関わらず、自分の仕事を手伝ってもらうとか、協力してもらうことを頼みにくい、と思っている人が多くいます。私も昔はそう思ってたので苦労しました。

しかし、それは思い込みです。自分で「環境を作る」ことで、上司や先輩から助けてもらうことができるんです。そのために「上の人を助ける」ことをしてください。

具体的には上司や先輩の仕事を手伝ったり、お誘いに乗ったりすることです。そんな普通のことで、忙しいときや残業ができない日には、簡単に助けてもらえるようになります。誰しも助けてもらえばそれを返したくなるからです。上司というのは、ヒマそうに見えても、私たちが思っている以上に忙しくしている人が多いのです。

上司が忙しいかどうかというのは傍目にはわからないことも多いので、基本的にこちらから手伝いを申し出るようにします。シンプルに「何か手伝うことはないですか?」

でいいでしょう。

その際、私だったら「もっともっとレベルアップしたい」というニュアンスを加えます。**「あなたのために」ではなく、「自分のために手伝う」**ということです。

「あなたのために」と言ってしまうと、相手は恩着せがましく感じることがありますし、場合によっては「何でもやるから、仕事をどんどん自分に振ってくれ！」という意味に捉えられかねません。こちらもヒマではないのでそれは厳しいです。

そうではなく、「自分はこういうふうになりたい。その目標に近づくために、こういうことをしたいのだ」という意図が伝わることが重要です。

ただ手伝うのではなく、自分という存在を認識してもらう好機としていきましょう。

ステップアップの下地を作る

手伝いだけではなく、飲み会や社員旅行などのイベント、ちょっと食事に行くときなどにも、可能であれば上司や先輩などと優先的に会話をするといいと思います。いわゆる「飲みニケーション」です。

立場が上の人と飲むということは、単に周りの人たちと仲良くなることではなく、自分が将来どうなりたいかを知ってもらうチャンスなのです。

・将来、これをやりたい
・自分はこうなりたい
・そのために、今はこういうことをやりたい

こういう話をすることで、**自分という人間を理解してもらう下地ができ、「何でもやります！」という人たちとは一線が画されます。**振られる仕事の質が変わり、時間だけがかかる不毛な残業が減り、自分自身のステージを高めていくことにつながるんです。

これはちょっとしたことに思えますが、あとあとになって大きな差となって現れます。大きな実績を作ることができたり、出世が早くなったり、あるいは徐々に人望が出てきたり……ということが実際に起こってくるんです。

現に、私がこれまでお話しさせてもらったことがある経営者や起業家の方は、その多くがその立場になるはるか前からビジョンを持ち、周りの人に話してきているんです。

こういう誰でもできることは、積極的に取り入れればいいのです。

なお、私は基本的に社内の飲み会は参加するようにしていますが、一次会のみです。今は、二次会はあまり参加しません。

なぜ二次会に参加しないのかというと体調管理のためです。二次会ではさらにお酒を飲む可能性が高く、深夜なのに食事をすることもあり得ます。カラオケなどに行けば、飲んで食べて歌って、かなり体力を使います。

もし翌日が仕事だったら、二日酔いのまま、疲れが癒えないままなので集中しにくいですし、翌日が休みだったとしても、そんな体調ではせっかくの休みが一日台無しになる可能性が高くなります。

二次会を断るとき、私は「あえて」理由を述べません。「次行く？」と聞かれたら、「すみません、今回はチョット……」という感じで言葉を濁しておきます。聞かれたら答えますが、理由を言うことで雰囲気を壊すのも申し訳ないですし、断りきれなくなることもありますからね。

また、さりげなく集団から離れ、あたかも「はぐれた」ように見せかけることもあります。みんなとはぐれてしまってどこに行ったかわからない。二次会に行ったのかもわからない。自然といなくなった状況にすることで、断ることなく断ることができます。

第3章

ゆとりを作ってミスも減る仕事の進め方

①ゴールを早く決めることを最優先に

前の章では仕事の分担に重きを置いたお話をしました。この章からは残業を増やす悪習にメスを入れて、ムダな仕事を減らしていきます。

少し手間をかけることで、私は残業時間をさらに50時間程度（ひと月当たり）減らせています。前の章と合わせ１５０時間程度の減少になりますね。

期限内に成果物を出す

私が仕事を頼まれたとき、まず最初にやるのは、「ゴールを決める」ことです。ゴールを決めて作業に着手することで、月に30時間程度は残業を減らすことが可能です。

ゴールとは、例えば、営業で言えば扱っている商品やサービスが売れてお客さんが満足したとき。建設工事で言えば所定の建造物が完成したとき。医者であれば患者さんのケガや病気が完治したとき、などが考えられます。

3番目のお医者さん以外は、「期限」も関わってきます。

ビジネスマンにとってのゴールとは「期限」内に「成果物」を出すことです。

合意を図る前に考えておくこと

ただし問題は、必ずしもクライアント（もしくは指示を出す人）にゴールが見えているわけではないということです。話をしていて、クライアントの言うことがコロコロ変わったり、矛盾があったり、「それは先に言ってほしかった」と思うことはよくあるのではないかと思います。こういうときは、面倒がらずに丁寧に話し合って、内容を詰めておかなくてはなりません。

では、どうすればゴールが見えるのか？

クライアントの要望を聞いて、「その通りのゴールを達成すると、クライアントはどうなるのか？」を考えることです。

クライアントにとって、どんなメリット・デメリットがあるのか、どんな問題を解決することができるのか。もし自分に同じ問題が降りかかってきたと考えた場合、どんなことが懸念事項になるのか。

もしかしたら、ゴール設定自体を見直すことも必要かもしれません。

ある実力派のＣＭプランナーに聞いたことがあるんですが、その人はＣＭを作る前に、綿密な計画を練るそうです。同類のＣＭをリサーチしたり、お客さんのターゲットを絞ったり、どんなフレーズが響くのかを調べたり……。もっとありますがものすごく緻密です。なかでも印象的だったのは「ＣＭにもゴールがある」という話でした。

ＣＭは企業や団体の商品やサービスを紹介し、それを売るためにあります。見ている人の購買意欲を促し、買ってもらえるように作っているわけです。ＣＭとは依頼主が満足できる売上をあげることがゴールなんです。

ゴールを明確にすれば、あとは作業に落とし込むだけです。

できること、できないこと、やるべきこと、やらなくていいことがわかりますので、クライアントと合意を図っていくことができます。これだと作業工程がイメージしやすいので、作業時間の短縮ができて仕事の質を高めることができるのです。

話を詰めるのに、先延ばしは禁物

厳しいことを言うようですが、**ゴールを決めようとしない人は行動しようとしない傾向が強いです。**「ゴールを決める」という工程は極端に言えば決断の工程です。いろいろ考えるのは気が重いし、後でもっといい案が出てきたら困るので、グズグズと引き延ばして行動に移せない理由にしてしまうのです。

実のところ、最初から明確なゴールが見えている人はごく少数だと思います。多くの人はぼんやりとしか浮かんでいません。**ここできちんと話を詰められる人は、その後どんどん仕事を進めていけますが、詰められない人はそこで足止めです。**ある意味、そこまで追い詰められていないのでしょう。

ゴールが明確になれば、思考や行動は自然とそちらに向かい始めます。

ちょっと話は変わりますが、「ヨーロッパの一流チームでプレーしたい」と考えた本田圭佑選手や長友佑都選手などはその例ですよね。

もちろんゴールが高度になれば、妥協を強いられることもあるかもしれませんが、少なくとも行動に移すことはできるわけです。

決まらないときは、こちらからゴールを提示してみる

とはいえ、仕事の主導権がお客さんにあり、そのお客さんが判断してくれない場合など、なかなかゴールを決められないこともあるでしょう。

そういうときは、大変ですが、**こちらでゴールを考えて提案してあげる**しかありません。たとえお客さんが受け入れてくれなくても、選択肢として示すことでお客さんも考えるようになるし、話が進展しやすくなります。

クライアントに対してゴールを提示するということは、クライアントに決断してもらうべく、彼らが取るべき道を示すということです。

「この仕事をやることでどうなれるのか」「問題点をどのように解決できるのか」「どんなメリットを享受できるのか？」を最初に示すことで、詳細説明をあれこれと聞かされるよりも、こちらの提案に耳を傾けてくれるようになります。

こうしてゴールに向かってどんどん進んでいく環境が整うわけです。

ゴールがあるということは終わりがあるということです。これは先が見えないまま仕

事をするより、はるかに低ストレスです。

しかし、実際には、自分から「ゴールを示す」ことができない人はかなり多いです。

なぜかというと、図々しさが足りないので、

「もし自分が提示したゴールがよくないせいで、失敗してしまったらどうしよう？」

「大きな損失を出したら取り返しがつかないから、クライアントに任せたほうが責任を問われずに済む」

などと考えてしまって行動できないのです。そういう人は、行動できないまま時間ばかり過ぎてしまい、切羽詰まった状況に追い込まれてしまうんです。

仕事には決まった型通りにやれば確実に結果が出るものと、手がかりが少なくてやってみないとどうなるかわからないものがあります。

後者の場合、ある程度、例えば目指すべき方向性が5割程度見えてきたら、そこで見切り発車するしかない。そして、進みながら問題が出てきたらそのときに考え、手を打っていくのです。自分が動けば、何かしら目に見える結果が出るので、上司やクライアントに判断をあおぐこともできます。

これは、相手がお客さんの場合に限らず、職場の同僚であっても言えることです。

② 自分で決める、伝える！主導権の握り方

周りの言いなりにならない

あなたは「自分が主導権を握って」いますか？　それとも「誰かに主導権を握られて」いますか？

もし握られているなら、時間をかけてもいいので、自分が主導権を握る方向にシフトチェンジすることです。そうすることで、残業を減らせますし、より効率よく仕事を進めることができます。なぜなら、周りが自分に合わせてくれるようになるからです。「主導権を握る」と考えると重く思われるかもしれませんが、別に立場が上である必要はありません。

「自分で期限を設定したり、自分で仕事の進め方を決め、それを依頼者に提示する」だけです。これは、その気さえあれば誰でもやれることなんです。

「人から言われたことだけ、言われた通りにやる」のはラクです。それは、期限や仕事のやり方、方針など多くのことを、人に決めてもらうということだからです。

しかし、言い方を変えると、「周りに縛られてしまって、思うように動けない」状況であるとも言えます。

これが長時間働かざるを得ない状況に自分を追い込んでいきます。帰宅時間を自分で決められなかったり満足に休憩が取れなくなったりするのです。

納期の設定は「定時退社」を念頭に

今まで自分で決めてこなかった人が自分で決めるのは最初は戸惑います。何をやるのか、いつやるのか、どんなやり方が適切か。そういったことを自分で考えて、職場の人やクライアントからの要求とすり合わせていくわけです。

このとき、なかでも私が一番重きを置いていることは「期限設定」です。

当然ですが、仕事には期限が必ず存在します。そしてその多くはクライアントが設定したり、会社・上司が決めて部下に指示をしたりします。

そのとき、私は相手が提示した期限に対し、自分なりの案を述べます。

もちろん、相手先の都合や立場も考慮に入れていることが相手先に伝わることが大事ですので、自分の都合一辺倒にならないようにしています（そうなりそうなときもありますが）。

例えばクライアントが「3月いっぱいでやってもらいたい」と依頼してきたとすると、私は「もう一週間もらえませんか？」と聞いてみます。

期限を提示する際はある程度のゆとりを見込んでおくことが重要です。ゆとりの基準は「定時に帰ることを前提に仕事をした場合、どれくらいで終わらせることができるか」です。この時点で残業をあてにしていたら、長時間残業は免れません。

また、ここで大事なのが「理由づけ」です。忙しいのはみんな同じですから、ただお願いしたところで受け入れてもらえません。

私は「もっとクオリティを上げて提出したいので」「念入りに調べて、中身をもっと濃くしたいので」ということを伝えます。「クライアントにとってメリットとなる理由」を提示するのです。

場合によっては仕事量と期限が割に合わず、物理的に不可能と思われる状況も少なからずあります。そのときは素直に「この期限では物理的に不可能なので、もう少し伸ばしてもらえないか？」ということを誠意を持って伝えるようにしています。

100％受け入れてくれるとは言いませんが、期限に間に合わなくて困るのはクライアントも同じですので、現実的な落としどころを探すことができます。

相手に不満をもたせないテクニック

ところで、主導権を握られた側の人のなかには「なんだか、あんたに動かされているようでイヤな気分だ」と思う人も出てきます。つまり、「操られている」と感じているのです。

こういう不快な気持ちを持たれてしまったままでは、合理的な話し合いがしにくくなります。よって主導権を握るときには、相手への配慮がポイントになります。

具体的には、**クライアントに「自ら決めた」と感じてもらえるような伝え方**をして、摩擦を和らげていくのです。その方法の一つが、**できるだけ相手に選択肢を提示して、それらのなかから選んでもらうこと**です。

期限についてクライアントの希望に沿うことが難しい場合、私は複数の案を提示しま

納期にゆとりを作る

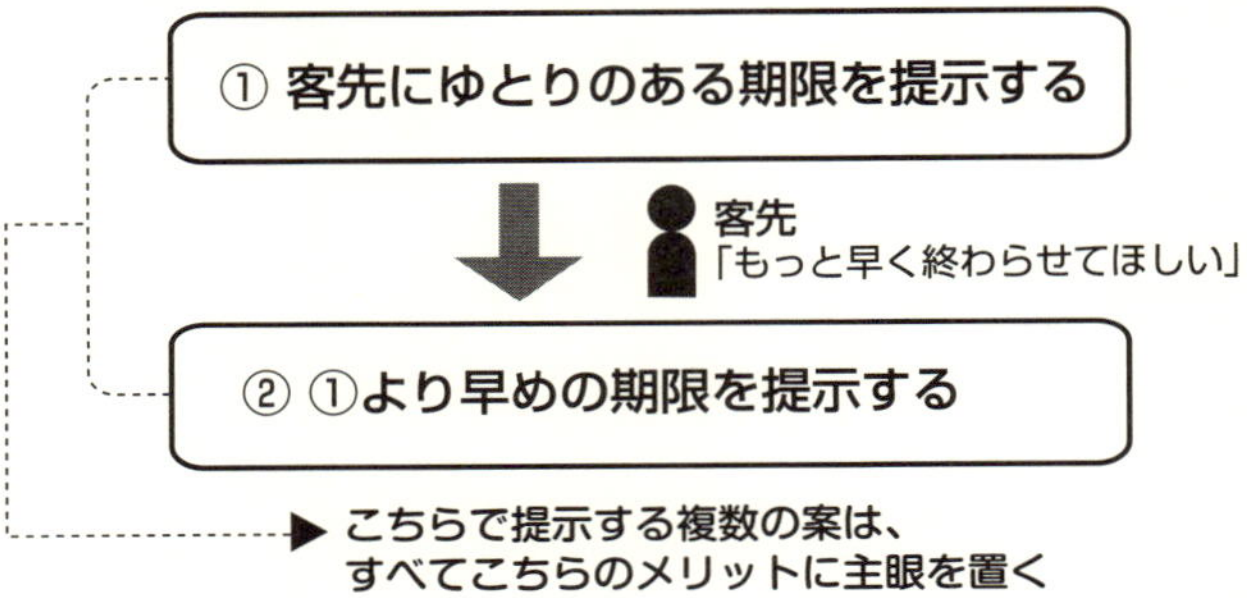
① 客先にゆとりのある期限を提示する
客先
「もっと早く終わらせてほしい」
② ①より早めの期限を提示する
こちらで提示する複数の案は、
すべてこちらのメリットに主眼を置く

定時に帰ることを前提にスケジュールを決めていく

す。最初は、こちらにとってかなりゆとりのある日時を提案します。もし相手が「もう少し早く終わらせてほしい」と言ってきたら、次は当初提示した案よりも少し早めの日時を提示します。

このように、**お互いにすり合わせるという「手順」を踏むことで、相手は「自分の意思で取引先に譲歩させた」という満足を得やすくなります**。

もちろん、ただ手順を踏むだけではダメですよ。このとき、提示する複数の案全てにおいて「こちらのメリットを大きくする」ことに主眼を置くことが重要です。

相手先にとってメリットがあることも必要ですが、それ以上に自分にとって大きなメリット・利益が生じなければ、こんな駆け引きをする意味はありません。

相手に期限を「選ばせる」。しかし提示した期限はいずれも自分にとって「ゆとり」があるものである必要があります。後で詳しく述べますが、ゆとりができるから時間を短縮できるのです。

「真ん中」「2つ目」に秘密がある

なお、この選択肢を示す方法は、客先との打ち合わせで複数のプランを比較検討してもらう場合にも活用できます。人は3つの案を提示された場合、2つめの案を受け入れる傾向が強いです。比較表にまとめた場合だと真ん中の案になります。私は比較表にまとめる場合、一番の推しメンを真ん中にします。

なぜ2つめや真ん中の案が選ばれるかというと、「気軽に説明を聞けて疲れていない状況」だからです。最初の案を説明する段階では相手に警戒心がありますし、3つめの案の場合、それまでに2つの案を説明されているので集中が途切れがちです。聞いているようでちゃんと聞けていないことがほとんどなのです。

③ 効率を上げるための情報共有

周りの会話は片耳で聞いておく

普段仕事をしているとき、自分の仕事に関係する情報しかもっていない人がいます。他の人たちがやっている仕事は自分には関係ないと思っているのでしょうか。

残念ですが、それは仕事の効率を下げる一つの要因です。自分が仕事を手伝ってもらおうと依頼しても「Ｙｅｓ」と言ってもらえなくなる可能性があります。

日ごろから情報共有をしておくことによって、仕事を手伝ってもらったり相談に乗ってもらうときに、事がすごくスムーズに進みます。細かなところまで説明する必要がなくなり、要点を教えるだけで済むんです。

説明するのはすごく手間がかかります。時間も必要です。それが、情報共有によって省エネ作業が可能になるんです。

その意味で、私が心がけているのは「他人同士の会話を片耳で聞く」ことです。

仕事ができる人は、自分に関係ない情報でも、会話などを片耳で聞いています。アンテナを高く張っているんです。だから何かトラブルがあったときなど、何か聞かれてもサッと答えられるのです。**聞いていないように見えてちゃんと用意しているんですよ。**

私も、他の人たちが近くのデスクでミーティングをしているときには聞き耳をたてるようにしていますが、いざ自分に仕事が振られたとき、すぐに取りかかることができます。「自ら情報を明かし、他の情報を積極的に入手する」ことで、身の回りの仕事の流れが格段に良くなるのです。

共同作業がうまくいく秘訣

部内・課内、あるいはプロジェクトチームのなかで、仕事に必要な情報は共有しておくべきです。基本的なことでありながら、きちんと行われていない組織を結構見かけます。

とくに共同作業をしている人たち同士で「横のつながり」ができていないところは、最後の最後でプロジェクトの調整やとりまとめに非常に苦労しています。

今は部署をまたぐなど物理的に距離が離れているケースもあるため、情報が自然と耳に入ってくるというのは難しくなっています。それぞれがバラバラに仕事をしていると、最後になって整合性がとれなかったり、手戻りが多くなり、締切前夜はみんなで徹夜なんてことになるわけです。

一方、情報共有がある程度できていると、お互いに何をやっているのかが見えるため、最後のとりまとめやチェックがものすごくラクになります。誰かの仕事を手伝うのも取りかかりが早いです。

サーバーなどに各自の役割を書き出した一覧のファイルを作り、誰が何を完了させているのかわかるだけでも違います。

トラブルがあったり仕事上のミスが発生したときでも、担当者個人だけではなく、みんなで内容を再度確認することによって、より客観的な対応ができるのです。個人で対応すると時間がかかるうえに、さらにミスを重ねてしまう危険性が高まりますが、情報共有しておくことでこれらのリスクも減らすことができます。

自ら発信してリスクを回避

ただし、部内・課内、あるいはプロジェクトチームといった単位での情報共有は、みんなの協力が必要です。可能であれば職場のルールとして提案するといいと思いますが、強制されることに反発する人がいるかもしれません。

その場合やりやすいのは、**まず「今、自分が何をやっているのか？」をオープンにすること**です。私の場合、前にスケジュールはほどほどオープンにしていると述べましたが、「今まさに作業中の仕事」に関してはそれとなく明かすようにしています。

人に相談する際も、「○○の仕事がここまで進んでいるが、この作業のなかでここがわからない。こうすればいいと考えているが、どう思いますか？」というふうに「何にぶつかっているか」と同時に「自分の状況」も説明しておきます。

というのも、私は以前、とある職場においてひどい失敗をしたことがあるためです。いくつかのプロジェクトを並行して進めていたのですが、私は週ごとに行われていたミーティングで、順調に進んでいる部分しか報告していませんでした。進捗が遅れていようと問題が起きていようと、それを共有することを一切怠っていたのです。上司などが介入してきて面倒になることも避けたかったし、なんだかんだ言って自分の力を過大評価していたのだと思います。

その結果担当していた仕事で大きなミスを犯してしまいました。誰にも相談せずに、独断でクライアントの意図とは異なった成果物を作ってしまったのです。

当然、私以外誰もその状況を把握しておらず、気づいたのは納期の直前。社内で大問題となり、大目玉をくらったことは言うまでもありません。

クライアントに状況を報告し、納期を延長してもらい、どうにか提出することができましたが、あのときの恥ずかしさ・肩身の狭さはいまだに忘れることができません。

実は、私はこういう経験を2回しています。こりずに同じことを繰り返してしまったんです。いかに考えていなかったかがバレバレですね！

だからこそ、現時点での自分の状況を明かす、ということを積極的に行っているのです。

技術は流出する前提で上を目指す

なかには情報流出のリスクを怖れて、あまり情報共有をしたがらない人もいます。もちろん情報の質（個人情報や企業の機密情報）によっては、そういう配慮も必要かもしれません。普段真面目に働いている人が、会社で知り得た顧客情報を流出させたりということも起きていますし。

ただ、私は、技術的な情報については基本的に流出するものだと考えています（積極的に流出させていいと言っているわけではないですよ）。

とくに理工系などの技術情報などはその典型です。転職した技術者がかつて在籍していた会社の技術情報を基に新たな技術を開発したりしますね。

私がいる建設業界では、複数の会社でＪＶ（joint venture：複数の異なる企業が共同で事業を請け負う）を組むことがよくあり、多いと5社ＪＶを組むこともあります。それら組んだ会社で新たに技術開発を行うこともあります。ですから、最新技術というのはどんどん外部に出ていくんです。

なので、仮に流出しても、こちらはさらにその上をいくつもりで仕事をしています。その上をいくつもりで仕事をしていれば、レベルは日が経つにつれて上がっていきますし、レベルアップしていけばよりよい仕事ができるようになります。そして、結果として労働時間を短縮することにもつながるんです。

情報は流出させないのが一番大切ですが、仮に外に漏れてしまったとしても、そこで立ち止まらずに対策を講じつつ、自分自身が成長していくことを考えて行動していきましょう。

④ 役割分担はコツをつかんで仕組み化する

なるべく各自が得意なことをやる

チームで仕事をする際、通常は役割分担をするはずです。

職場が忙しいときは、その役割分担を「それぞれが得意なことを担当する」ことで、全体の仕事のスピードを速めることができます。

「○○分野はAさんが得意だからAさんに」、「△△だったらBさんが経験豊富だからBさんに」という具合で、得意な分野・内容ごとに振り分ければいいんです。

この役割分担はチームに安心感をもたらします。自分の得意としていることが、別の人にとっては苦痛な仕事なことがあるからです。**苦痛な仕事や苦手な仕事を別の人がやってくれることで、より集中して仕事に取り組めるようになるんです。**

また、チームの各自が、単に作業時間を短縮するだけではなく、その分野の専門家になることもできます。

クライアントより仕事内容で分ける

この役割分担によって仕事の仕組み化を図ることが可能になります。

私が以前働いていた職場では、繁忙期には「Xという検討業務は○○さん、Yという検討業務は私、Zという検討業務は△△さん」というふうに仕事を分けていました。

このときはまだ、得意な仕事ごとに分けるという発想はありませんでした。

が、ものすごく忙しくなると、何も言わなくても自然と自分が得意な仕事が割り当てられるようになっていきました。**得意な人がやったほうがスムーズに進み、経験値もあるので、問題が起こっても素早くきめ細かな対応ができるためです。**

最初は流れに任せていましたが、あるとき社内でミーティングをした際に、「多忙なときは自然とそういう分け方になるのだから、一度話し合って明確に分担を決めておいてはどうか。そうすれば、各々がより仕事を進めやすくなるのでは」ということで、話し合って決めました。

役割分担する際には、クライアントごとに分けるのではなく、得意なことに特化して分担したほうが、個人にとってもチームにとっても有意義なものになります。

あくまで一つの例ですが、企業分析はAさん、リサーチするのはBさん、ヒアリングしてくるのはCさん、というふうに分けることを決めておくと、多忙な時は自動的に仕事の振り分けができるようになるんです。

組織図が浮かぶように伝える

得意なことに特化して分担することで、**業務を「水平展開」できる**ようになります。**クライアントをまたいで業務を行うので、クライアントに「チームで対応している」ことを印象付けることができます。**これはクライアントが安心感を持つ要因の一つになるんです。こちらが個人で対応していると、「この人が体調不良などで穴をあけてしまったら、誰が対応するのか？」という不安があるためです。

その代わり、クライアントから見るとこちらの窓口が多くなるため、あらかじめ「○○の仕事はAが担当です。○○の仕事はBが担当です」ということを伝えておく必要はあります。電話でもメールでもいいですが、記録として残したいので私はメールで伝えます。こうすると**実務担当者と客先の担当者が直接やり取りできるので、行き違いがグッ**

忙しいときの役割分担

【クライアント別・役割分担】

Ａさん→Ａ社担当
Ｂさん→Ｂ商事担当
Ｃさん→Ｃ社、Ｄ社担当

→

【得意なこと別・役割分担】

Ａさん→企業分析担当
Ｂさん→リサーチ担当
Ｃさん→ヒアリング担当

クライアントをまたいでの水平展開が可能になる！

↓

チームとして整然と仕事にあたれば、安心感を与えられる

と減るんです。

何か問題が起こったときのために、念のため統括（責任者）がいることも伝えておきます。メール連絡の際に、「Ｃｃ」で統括にも送ることで、トップに連絡がいっていることがクライアントにもわかります。

このようにチームとして整然とした体制を見せることで、クライアントとの信頼関係構築がスムーズになります。

横割りのチェックで品質が上がる！

こうした仕事の手順を踏むことで、担当業務を超えて横断的なチェックができるようになります。

何かを検討する際には、その元となる資料やネタの中身を把握し理解しておく必要があります。その際、自分が主担当でない場合は、先入観や思い込みにとらわれずに資料や報告書などを見ることができますし、足りない資料や主担当が発見できなかった誤りなどを見つけやすくなります。

また、違った視点から業務内容を捉えることができ、クライアントにもわからなかった新たな問題点のあぶり出しや解決策の提案もしやすくなるのです。

事前に資料の漏れや誤りを正し、問題点を踏まえて仕事を進めるので、あとでバタバタすることが少なくなります。

一連の仕事の流れの仕組み化は、縦割りではなく、あくまでも横割りで行ったほうが効果が上がります。仕事の各段階でのチェックが可能となり、クライアントに引き渡す際に先方の要求以上の成果品となりやすいのです。

高品質の仕事ができるとクライアントから絶大の信頼を得ることができますし、重箱の隅をつつくような指摘がなくなったり、契約外のことを押し付けられることがなくなるので、仕事に要する時間の削減にもつながるんです。

5 手戻りや追加作業がある前提で段取りをする

スケジュールにゆとりをもつ

仕事の段取りというのは、どんな作業でも大事です。何をやるかを順序立て、そのために何が必要かを明らかにする。単純作業でもこれがないとうまくいかないですね。とはいえ、いくら段取りをうまくやったとしても、思ったより順調に進まない、ということはあります。想定外の作業が発生したり用意したネタが違ったり、あるいは外部要因によって考えていたよりも時間がかかったりすることもあります。

予定外のことが起こると、慌てたり焦ったりして冷静でいられなくなる人が多いです。思考停止に陥り、何をやればいいのかわからなくなる。あるいは、何をやろうとしていたのかさえわからなくなってしまう。こういう状態になる人を、私はたくさん見てきました。ほかならぬ私自身がそうでしたしね（笑）。

仕事の段取りをする際には、必ずゆとりをもつことが重要です。

具体的には、**「仕事に手戻りが発生したり、遠回り作業があったり、追加の仕事を頼まれたりすることを前提として段取りをする」**ことです。

私はかつて建設コンサルタントに勤務していたとき、何度もこういった場面に遭遇しました。仕事の工程を組み、それに沿ってやっていたにも関わらず、手戻りや追加の仕事が発生して予定よりも時間がかかってしまうことがよくあるのです。事前にクライアントからその工程でOKと言われていたにも関わらずです。

当初、私はそういったことがあるたびに「ふざけるな！」と心のなかで叫んでいました。立て続けにそういうことがあった場合は、先方に文句を言ったこともあります。

しかし、改善されることはありませんでした。困っているのはこちらだけで、クライアントにとっては融通が利く状態のほうが都合がいいのですから当然です。

ですから、私はそういったことが発生することを見込んで、予定を立てるようになりました。周りからは余裕があるように見えていたと思いますが、それくらいでないと、最終的にはパンパンになってミスや手違いが増えるのです。

プレゼン段階で課題を網羅する

こう話すと「余裕をもってスケジュールを組めるなら、最初からそうしたらいいのでは？」と思う人もいるでしょう。しかし、そうは問屋が卸さない場合も多いんです。

私たちが仕事を受注するにはコンペで選ばれないといけないのですが、クライアントは条件が同じならなるべく早くやってくれるところに発注したいからです。

他社より多く時間的余裕をもらったうえで受注するには、例えば、プレゼンやデモンストレーションなどで、発生しうる全ての課題を網羅し提示することで、時間がかかることを納得してもらう必要があります（実際にはその時点では判明していないことがあったり、契約後に調べたり取り組んでいくなかで想定外の課題が出てきたり、トラブルが発生したりしますが、この段階でどれだけ課題を明らかにできるかが重要です）。

プレゼン段階での見積もりが甘いと、キッキツにスケジュールを組まざるを得なくなり、まったくゆとりがなくなってしまうのです。

私の経験では、こうしてゆとりを確保したうえで仕事をしていくことで、クライアントが徐々に無理な要望をしなくなってきました。私の推測ですが、**クライアントの要望**

に丁寧に対応することにより、「無理を聞いてもらっているから、多少の遅れは目をつぶろう」という心理が生まれやすくなるのではないかと思います。もちろん、そういう人ばかりではないでしょうけど。

さらに、あらかじめゆとりのある日程になっているためクレームもなくなりました。手戻りなどがなければその分予定が前倒しされていくし、たとえ手戻りや修正が発生してもそれを見越して予定を組んでいるので十分に対応できます。

これは、クライアントに安心感を与える大きな要素です。

バタバタやると足下を見られる

また、この姿勢は金額交渉をする際にも役立ちます。

追加作業が発生した場合、当然ですが費用が発生します。けれど、それを請求しても首を縦に振らないクライアントも多いのです。「それくらいはいいでしょ」と軽く捉えられたり、足下を見られてしまうことが多いんですね。

ですが、バタバタと何かのついでのようにやるのではなく、一つひとつ確実に要求に応えていくことで、「これだけやってくれるから、少しでも払ってあげよう」という気持ちになってくれるのだと思います。結果、金額面の交渉を有利に進めやすくなります。よく「仕事は準備がすごく大事で、大きなウェートを占める」と言われます。その準備のなかに、時間に余裕をもつということを心がけるだけで、仕事の進め方がラクになるし、時間短縮にも大きく貢献してくれます。

独りよがりにならない

仕事をしていればミスや手戻りはつきものです。とくに一人で仕事をしていると、客観的に物事を判断できているかわからないので、私は可能な限り他の誰かにも見てもらうようにしています。

実際に手を動かして作業している人は、「もう大丈夫。間違いも過不足もなし」という先入観にとらわれがちです。そのせいか、ちゃんと見直していても間違いを見つけにくく、あとになって発覚し、手戻りが起きてしまうことがあります。

したがって、要所要所で他の人に見てもらう時間を確保するといいと思います。

一人でどんどん進めていくより、早めにミスが見つかったり、フラットな意見をもらえるので的確な対応をとりやすいという利点があります。

⑥ 会議や打ち合わせは「資料」で短くできる

資料が薄いと説明も短くなる

「会議や打ち合わせの時間を短くしたい」というのは、現代のビジネスマンの共通認識でしょう。多くの職場で人手不足が慢性化し、一人ひとりが抱える仕事量が増え、会議や打ち合わせに使える時間が短くなっているからです。

会議に要する時間を短くする工夫の一つとして**「資料をコンパクトにする」**ことが挙げられます。資料の量が多いほど、会議の時間も比例して長くなります。それだけ説明に要する時間が必要になるからです。

クライアントや上司に満足してもらうため、膨大な量の資料にしたり、分厚い報告書にして提出する人は多いです。しかし会議に関係があるのは量ではなく中身です。理解してほしいことがしっかりと記載してあれば、それ以外のことを資料や報告書に記載する必要はありません。**要点を漏れなく書いておき、ちょっとした補足は会議や打ち合わせの席で口頭で説明すれば事足りるのです。**

それに余計なことを書いてしまうと、そこからどんどん質問され、突っ込まれ、答えづらくなったり舌をかんだりしますし、関係ないところで話が長引く恐れもあります。

考え抜かれた資料を作るには？

もちろん、資料を作っていると、いろいろと言いたいことや書きたいことが出てくることもあるでしょう。そのときは、とりあえずどんどん書いていきます。そして、**あとで見返して不要な部分を削除すればいいんです。**

報告書などをまとめる際にも言えますが、あとで追加するより削除するほうがものすごく簡単です。資料を作る目的や用途に準じ、それ以外のことが書いてあれば遠慮なく削除していきましょう。

この作業を通じて、資料はより洗練されていきます。作成時には気づきにくいですが、あとで振り返ることで不要となるところがどんどん見えてくるんです。

そのうえで、上司や周りの同僚にも客観的に見てもらい、さらに不要と思われるところを削除していくと、コンパクトなだけでなく、求められるところに鋭く切り込んだ資料になっていきます。こうした考え抜かれた資料を作ることで、クライアントの信頼を勝ち取ることもできるのです。

会議や打ち合わせをやる目的は、業務の方向性をしっかりと認識し、その時点での不明点を解決して、業務を前進するための環境づくりをすることです。全ては仕事で結果を出すため。そこから逸脱しないことが会議の効率を上げるコツです。

分厚い資料を渡され、それを隅から隅までしっかりと読む人が果たしてどれくらいいるでしょうか。みんな忙しいなかで資料を眺めるわけで、ほとんどの人は何が要点なのかをまず知りたいのです。

仮に、仕事がやや落ち着いて時間にゆとりがあったとしても、厚い資料は読んでいるうちに眠くなることが多いですしね。

人数分揃えないほうが意思決定が早い

もう一つ、会議や打ち合わせの効率を上げる方法があります。これはクライアントとの会議や打ち合わせで、とくに効果的です。会議の時間を短縮し、さらにこちらが会議

資料は全員分なくていい

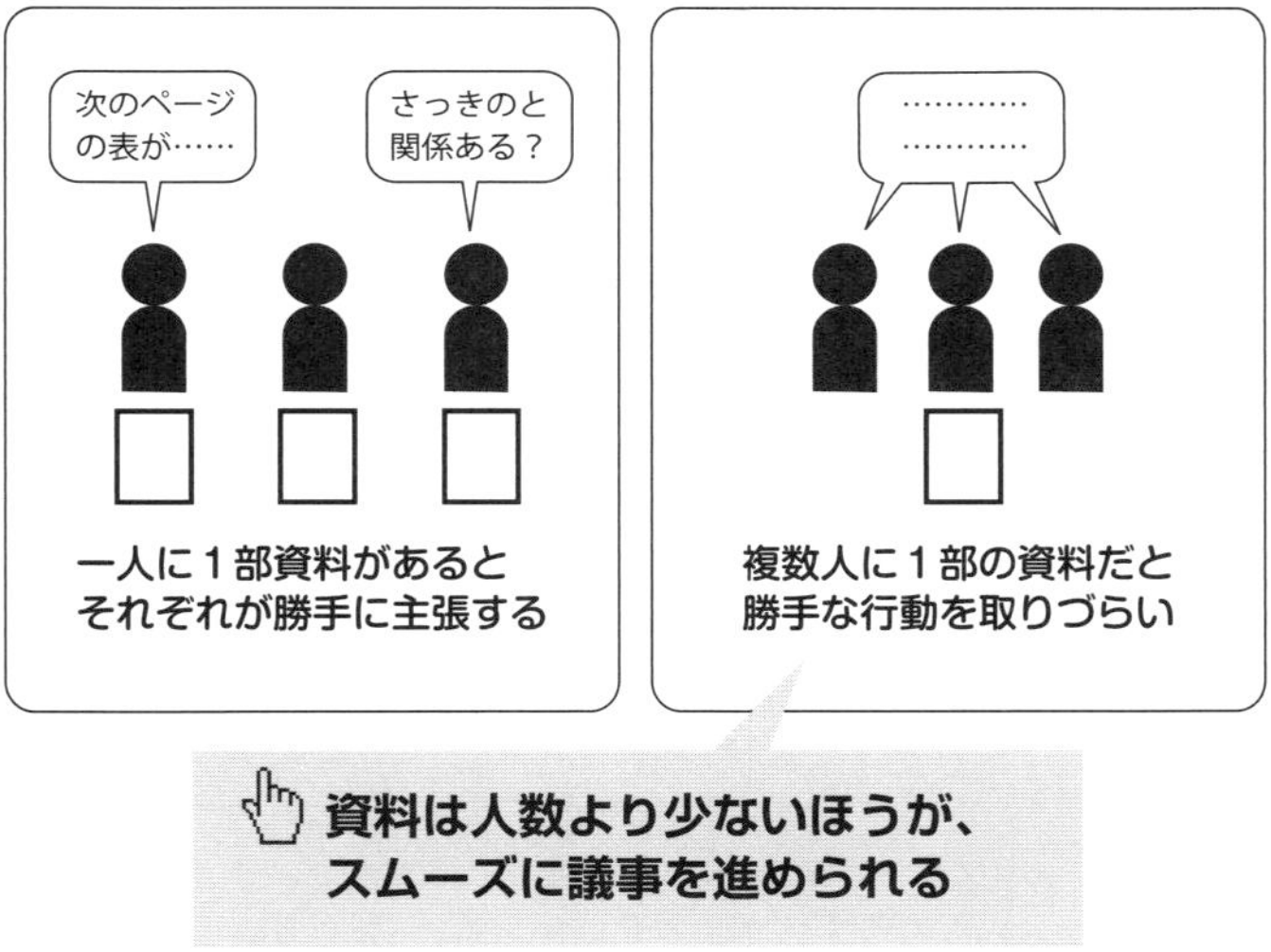
次のページの表が……
さっきのと関係ある？
一人に１部資料があるとそれぞれが勝手に主張する
…………
…………
複数人に１部の資料だと勝手な行動を取りづらい
資料は人数より少ないほうが、スムーズに議事を進められる

の進行をコントロールできるのです。

その方法とは、「資料を人数分用意しない」ことです。

クライアントと打ち合わせをする際、たいていは客先の出席人数に合わせて資料を用意します。一人1部見られるよう、部数調整して持参することがほとんどです。

実は、これには大きなデメリットがあります。

それは、クライアントが「自分勝手に資料を見てこちらの進行とは関係なく質問や問い合わせをしてくる」ことです。

これをやられると、資料の順番に

打ち合わせをしようとしても、その通りにいきません。進んだと思えば少し戻り、また進んだと思えば戻り、そしていきなり最後の項目の質問をされたりと、進行がめちゃくちゃになることもあります。

そこで私は資料を客先の出席人数より少なく用意するようにしています。すると、**必然的に2人あるいは3人1組で1セットの資料を見ることになりますので、クライアントが自分勝手な行動をとりづらくなる**んです。結果、こちらのペースで議事を進めることができるようになります。

この方法によって、意思決定が素早くなります。議事の進行に合わせて質問があったり指摘をもらえるため、大きく脱線せずに済むのです。

さらに、こちらが説明していることに耳を傾けてくれ、お互いに同じページを見ていることで、双方の間に共通認識が生まれやすくなります。これでこちらが会議の進行に際して主導権を握れるようになるんです。

私はこの方法を何度か試しましたが、多くの場合、想定していたよりも早い時間で打ち合わせが終わっていますし、意思決定も早くなっています。

意思決定が早くなることは、仕事を速く進めるうえで大事な要素です。「ここが決まらないと先に進めない」という状況はよくあるからです。最悪なのは、そういう大事なことが「打ち合わせしたのに何も決まらなかった」というパターンで、次の打ち合わせまで何も進まないことです。

会議はいたずらに時間をかければいいというわけではなく、スムーズに進行するためのポイントがあるのです。

とはいっても、私はしゃべりすぎる性格のようで、せっかくコンパクトな資料を作ったのについつい長時間になることも……。自分のせいで会議が長引かないよう、気をつけなければなりません。

⑦ 早くて確実！ テンプレートの揃え方

「型」があれば中身に専念できる

プレゼン資料や報告書をイチから作るのは、かなり手間がかかります。ページのレイアウトやデザインなどをしっかり作り込むだけでも、結構煩わしいですし、全体の構成や流れも組み立てないといけません。もちろん、相手に伝わるように作らなければなりません。

そのとき「テンプレート」があると、作成がかなりラクになりますので、作っておくといいと思います。

テンプレートとは「型」のことです。報告書で言えば章立て、ページレイアウトやデザイン、文字の大きさやフォント、言い回しなど、あらかじめ下地となるものです。

これがあると、業務の内容や用途に応じて中身を書き換えるだけで済むので、余計なことに労力を割くことなく本来の仕事に集中することができます。内容の質を高めることに、フォーカスしやすくなるのです。

逆にテンプレートが決まっていないと、中身を作っていくうちに、同時進行で作っているレイアウトが適さないことに気づいたりして、ものすごく非効率な作業を強いられます。

文章を書くたびにレイアウトやデザインを変えざるを得なくなったり、見出しごとや文章ごとの文字の大きさや形がバラバラで揃っていなかったり、図表の様式が統一されていなかったり、図表の位置がとんでもないところになったり……。

こういった内容とは関係ない部分の修正に時間を要するのはものすごく辛いです。

クライアントごとに用意する

こういったことを防ぐため、私はテンプレートを作成するときは、クライアントごとに分けて作るようにしています。

最近はクライアントごとに、書類や資料のまとめ方が決まっているケースが多くなっています。報告書の表紙に企業のマークを入れたり、文字数や文字の大きさが決まっていたり、言い回しが定められていたりとさまざまです。一度作ってしまえば、そのクライアントのテンプレートはずっと使い回せます。

さらにいいのは、**「クライアントから書式のテンプレートをもらってしまう」**ことです。そのほうが手っ取り早くより正確に作成できます。「今後、御社に資料提出する際に役立つし、スピードアップできるので」などと理由をつけて、クライアントに頼んでみるといいでしょう。

クライアントにとっても、自社の様式に従って作ってもらったほうが、とりまとめに要する時間と手間が省けるのでラクなのです。

今や紙よりもデータでやり取りするほうが圧倒的に多い時代です。だからこそ、テンプレートは、作業時間を短縮するのに非常に効果的になります。これをいかんなく使って、作業を効率化していくことが大事です。

自分専用に作ると使いやすい

テンプレートが社内で用意されている場合はそれを使うのもいいですが、**自分自身で作ることによってさらに作業時間を短縮できます。**

こういうものは、作った人にとって使いやすくできています。ワードやエクセルなどのアプリケーションを使って文章や図表を書くと、この傾向はとくに顕著になります。

他の人や会社が作ったデータを修正する場合、「ものすごく作業がやりにくい」と感じたことがあると思いますが、これがその典型的な例です。

テンプレート作成の際には、注意したほうがいいことがあります。

よく、テンプレート内の書き換え可能な箇所（社名、商品名、数量、備考など）に、目印として色をつけてあるのを見かけます。テンプレートを作った人が「ここを書き換えて使ってね」という親切心で文字色を赤にしたりしているのです。

しかし、これだとそのテンプレートを使ったときに、うっかり色を黒に戻し忘れてしまうことがあり、クライアントから「ここが赤になって強調されているのはなぜ？」と重箱の隅をつつくような質問をされることがあります。

こういう場合、**「ここを書き換えて使ってね」**の目印として**「テキストボックスを該当箇所に挿入」したほうがいい**でしょう。テキストボックスは目立つので、誰が見ても「これはあとで消さないといけない」ことがわかります。

さらに、テキストボックスは言葉だけではなく文章も書けるので、「どういうふうに書き換えればよいか」を書いておけば、あとで作業する人がやりやすくなります。

第4章

悩む時間を少なくして素早くこなす

① 最短で判断できれば最短で仕事ができる

作業が早いのと仕事が早いのは違う

仕事を最短最速でやることができれば、その分早く帰れます。

とはいえ、ただ手を早く動かせばいいわけではないし、誰かに手伝ってもらったからといって最短でやれているとは限りません。素早くやろうと焦って表面的には早くやれても、ミスが多かったり内容が薄っぺらいものになっていたら意味がないわけです。

最短最速で、しかもミスなくやるにはどうすればいいかを考えるとき、キーワードとなるのは「ゆっくりとスピーディーに」です。具体的には**「動く速度はゆっくりでもいい。思考と判断はスピーディーに」**ということです。

極端なところで言うと、キーボードを叩くスピードはそれほど速くなくても大丈夫です。もちろん、素早くタッチができるに越したことはないですが、私自身、某SNSのアプリでは「この人には適わない……」と思ったことが何度もありましたし、「こいつ、おかしいんじゃないの？」と本気で思ったこともありましたしね（笑）。

作業スピードが速いからといって仕事が早く終わるかというと、必ずしもそうとは言えません。仕事においては「考えながら」「判断しながら」作業する場面が幾度となくあります。実際、**何も考えずに作業するだけならかなりのスピードだけど、いざ仕事としてやってみると実はものすごく遅いという人は少なからずいます。**

どんな職種でも、仕事は「考えながら動く」ほうが結果的に速くできます。そして「決めながら」作業することを求められます。

判断するための行動をとる

日本の企業は海外から見ると「判断速度が遅い」と見られています。仕事はできるのに自分で素早く決められない。決断ができない。そういう評価を下されています。

この判断速度を上げるだけで、仕事の速さは格段にスピードアップします。

考えが煮詰まったときは、経験豊富な先人に聞いたりあるいは調べたりすればいい。決められないのなら周囲にアドバイスを求めればいいんです。自分よりも詳しい人、専門的な人はたくさんいます。**判断材料がないなら、それを手に入れるにはどうすればいいかを考え、行動しなければいけないのです。**

考えること、決めることを素早く行うことで、作業そのものが遅くても全体として最短最速で仕事を完了させることができます。

たとえば、何か問題が発生してクライアントから相談が持ち込まれたとき、「社内で確認してからお答えします」と答えるのと、相手に「どういうことに悩んでいるのか？その問題はどういう背景があって起こっているのか？」ということをどんどん質問して判断するのでは、どちらがクライアントにとってベストな状況でしょうか。

これは、後者のほうがいい印象を与えられます。「この担当者は確信をもってスピーディーに答えを出す人なんだな」ということが相手に伝わりますから、安心してもらえますし、その後の仕事の受注にもつながるでしょう。

また、外国に行けば日本以上に素早く結果を出すことを求められます。

ドバイやアルジェリアの工事現場で仕事をしたことがある私の知り合いも、「打ち合わせの場で判断を下さないと、かなり落胆した表情をされる」という経験を話してくれ

思考と判断をスピーディーにする！

△ 社内で確認してからお答えします

→ **社内に判断材料がないときは、またクライアントに連絡することになる**

○ どういうことに悩んでいるんですか？
その問題はどういう背景で起きているんですか？

→ **この段階で判断材料を集めたほうが速い判断につながりやすい**

判断を速くするには、判断のための行動を速くとること

ました。

海外の仕事は日本とは風習が大きく異なります。仕事の進め方もガラッと変わります。予定時間に資材が来ないなんてのはザラ。しかも1時間といったレベルではなく、1日単位で遅れることもあるのだそうです。さらに宗教上の問題とかテロとか、考えることは他にもあります。

そういうなかでも、その都度何かしら決断しなければ物事が前に進まないのです。

決断が速いというのは能力の一つです。

材料を集めて、素早く考え、答えを出す。

こうした力は、訓練の一環として意識的にやっていくことで磨かれていきます。

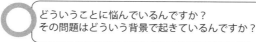

一人で仕事をすると進まない理由

一人だけで仕事を進めていると長時間残業になりやすいです。なぜなら、**何もかも抱え込んでしまうと、判断すべきことが多すぎてスピードが落ちるからです。**

一人でやるということは、多くのことを自分一人で同時に考え、判断する必要が出てくるということです。

抱えている仕事が関連していたり同類の業務であれば、選択肢も絞り込まれますが、それぞれまったく別分野のクライアントばかりだったり、正反対の仕事の進め方をしなくてはならなかったりすると、その都度イチから考えなくてはなりません。

そんな状態で的確に、そして素早い判断ができるかというと、これは非常に困難です。誰にも相談せず、アドバイスをもらうこともせず、パパッと判断を下して仕事をする、なんていう芸当は、よほど経験値が高くないとできることではありません。

そもそも、経験値が高い人ほど一人で仕事を抱え込むことはしません。他人に任せたり、外注したり、誰かに聞いたりして、一人で悩む時間を意図的に少なくしているのです。

② ミスが起きないように整理する

次の仕事に移る前にリセットする

仕事ができる人は、机の上が「グラウンド」のように広々と片付いていることが多いです。机の上には必要最低限の物しか置かれていません。「整理整頓」がしっかりとなされているので、必要な資料がすぐに見つかり、資料作成の際のネタがすぐに手に入ったり、悩んでいることがすぐに解決できたりします。

机の引き出しも例外ではありません。彼らは引き出しの中を整理しておくだけで、ムダな時間を減らすのに効果があることを知っています。多くの持ち物を自分なりのルールで管理しているのです。

ときどき、今やっている仕事を片付けないまま次の仕事に移り、その仕事も途中のままデスクに放り出して家に帰るといったことを繰り返す人もいます。

忙しいときは、使うものが多いとそれを元の位置に戻すだけでも苦痛です。結果、資料を保管しようとしてもそのバインダーが見つからない。「一時的に」と思ってその資料を机のスミに置いたら、そこが起点となってどんどんモノが増え、作業スペースが狭まっていくということが起きます。

時間がないときに片付けに頭を使うのはつらいものですが、次の仕事に移る前に必ずリセットしておくことがとても重要です。

引き出しを一つカラにしておく

私の場合はというと、いろいろ試行錯誤した結果、今はデスクの中央部にある引き出し（自分の体の正面にある引き出し）を、「その日の仕事に関する資料」と「明日やる予定の仕事の資料」の置き場として使っています。

その日に作成した資料やそのためのネタ、そして明日予定している仕事に必要な資料などを、帰宅する直前に入れておくんです。

その日にやった仕事を入れておくのは、たとえばチェック作業など、翌日すぐに続きに取りかかるためです。あるいは、上司の承認が必要だけどその上司が不在だったときに、その引き出しに入れておいて翌朝すぐに取り出せるようにしています。いわば途中の仕事を入れているということで、完了できていれば入れるものはありません。

そして、翌日の朝には引き出しの中身はすべて外に出されるので、日中は引き出しは空っぽの状態です。強いて言えば、午後の小腹がすいたときにちょっと一口食べれるように、お菓子が少し入ってますが……。

また、仕事ごとにクリップなどで簡単に留めておいて書類や資料が混在しないように気をつけています。混在してしまって探すのに手間取り、時間を浪費したことが何度もありましたから。「あ〜、やっちまった〜」って感じで、凹んでましたね。

これによって、翌日出社時にいきなり資料の在り処を探すことはなくなります。**探し物に頭と体を使うとモチベーションが下がり、集中力を欠いてしまう**ので、私にとってはかなり重要な習慣です。

データはシンプルに整理する

この整理整頓、デスクや書類の棚だけではなく、データを保管しているサーバーやクラウドにも同じことが言えます。データはサーバーで管理することが多いと思います。

いろいろなフォルダを作り、そのフォルダにさらにフォルダを入れ、そこにデータを入れるといったケースがよく見受けられます。

こうしたフォルダ整理をする際の注意点は、あまり複雑にしないことです。複雑にするとどこに何が入っているかわからなくなり、データを探すのにひと苦労だからです。

私の整理法は、全体の構成としては「受領データ」用と「オリジナルデータ」用の2つを作成し、それぞれ中に新たに作っていくやり方です。

「受領データ」と「オリジナルデータ」

「受領データ」用は、クライアントから受け取ったデータを格納するためのフォルダです。このなかに入っているデータは、上書き禁止にしておきます。

受け取ったままにしておくことにより、「渡した」「渡さない」といったやり取りを避けることができます。

クライアントごと、業務ごとに分けて格納しておくと、必要なときに取り出すことが簡単になりますので、受領データのフォルダ内にクライアントごとにフォルダを入れ、さらにその中で業務ごとにフォルダを作っておきます。

その際、添付されているデータと一緒にメールの本文も入れておくとあとで便利です。メールの内容にデータの活用についての注意事項とか説明などが書かれてあることが多いからです。なので、あとで振り返ったときに改めて復習することができます。

受け取ったデータは必ず日付をつけて保存します。受領データのフォルダの中で、日付とデータ名が分かる名前を入れてフォルダを作成し、その中に入れておきます。

これによりいつクライアントから受け取ったかがわかるので、新しいデータと古いデータの区別をつけることもできます。

一方、**サーバーで作業するために必要なのが「オリジナルデータ」用のフォルダです。**このフォルダのなかで、さらにクライアントごと・業務ごとに応じたフォルダを作成し、その中で作業することで、効率化を図ることができます。

私の場合、このフォルダの中で「報告書用」「写真用」「計算用」「図面用」というようにさらにフォルダを作り分け、そのなかでそれぞれの作業をします。こうすることで、他の人との作業の分担もしやすくすることができます。

分担しやすい構造にする

データを探す時間をできるだけなくし、すぐにほしいデータを引っ張り出せるためには、業種や職種、仕事の目的や内容に応じたフォルダ構成にすることが大事です。

そのなかでも**「受領データ」のフォルダと「オリジナルデータ」のフォルダを一番頭にすることで、職場の人たちがわかりやすく作業できるようになります。すぐに目につく場所に入れておき、他の人たちがコピーしてすぐ使えるようにしておくんです。**

そのうえで、「受領データ」「オリジナルデータ」とは別に、個人フォルダを作っておくと便利です。「金山用」といった具合に個人名を入れておきます。そこに資料を保存しておいたり、作業をすることも可能です。あるいは不要になった(と思われた)データをそこに保管しておくことも可能です。

フォルダは机の引き出しのようなものです。「どこに何が入っているか」「どのフォルダで誰が作業しているのか」が分かるようにデータを格納しておくことで、個人としてもチームとしても仕事がしやすくなるのです。

③ 時間管理からタスク管理へ

怠け者に「時間管理」は向かない

時間管理をしている社会人は多いです。「○時～○時までA社の仕事をし、○時～○時までB社の仕事」というように。

ただ、私自身は納期こそ意識するものの、そういった短い時間単位での「時間管理」は行っていません。**仕事が山積みの職場では、やるべきことが終わっていないのに「○時になったから、この仕事は今日は終わり」というわけにはいかないからです。**

そうでなくても私はもともと怠け者ですから、時間を基準にして働いていると、「○時までやったからいいだろ」と予定通りに仕事が進んでいなくても切り上げたくなります。あらかじめ予定が入っていて時間オーバーで切り上げるのなら仕方ないと思いますが、私の場合は時間がきてしまうと気持ちが「できない」のです。

こんな調子で結果が出るわけはなく、自信を喪失することも何度もありました。

そこで私は時間ではなく、「タスク管理」を重視しています。「○時までやる」という視点を変え、「この仕事が終わったら帰る」という視点で取り組むことで、仕事がはかどるようになりました。

やりかけの仕事を減らしていく

もちろん、時間を決めることで仕事が素早く進むという人もいます。そういう人は、仕事にかかる時間の見積もりがうまいという面もあると思います。

私の場合は、時間ごとに何をするのかを決めてスケジュールを立てたこともありましたが、あまりうまくいきませんでした。**予想した時間内では終わらない仕事や、予想外に入ってくる仕事も多く、ときどきは予想より早く終わる仕事もあるという感じで、自分が決めた時間割に仕事を当てはめるのは意味がないような気がしていました。**

そしてタスク管理のほうが今やるべき仕事に集中しやすいことに気が付きました。時間を気にするよりも、仕事の進捗にフォーカスできるため、考えながらも手が早く動き、スピードアップにつながりやすいのです。

また、時間管理だと、所定の時間がきた段階で今やっている仕事から別の作業に移ることになります。そうすると頭の切り替えにやや時間を要しますし、それまでやっていた仕事はまだ終わっておらず中途半端なままということです。

私は、途中までしかやっていない仕事をいくつも抱えているより、なるべく一つひとつ完了させて、次の工程の担当者、もしくはクライアントに渡していきたいほうです。終わったものからどんどん渡していったほうが、自分もスッキリするし、渡された人も自分の仕事にかかれます。どんどん片付けていかないと、自分が管理していくのは大変です。

退社直前にタスク・メモを作る理由

このタスク管理に関連して、翌日の仕事を効果的・効率的に進めるために非常に有効なのが「帰り際にタスク・メモを残す」ことです。

私は翌日やる仕事について、どんな順番で何をやるのかを、全部メモに書き出しておきます。何をやるのかは漏れをなくすため、順番は効率や優先度を考慮してのことです。

タスク・メモには、その仕事にはどんな資料が必要か、どのような情報を入手しないといけないかも、わかる範囲で記載しておくと翌日の仕事がさらにラクになります。実際、こういうメモ書きを実践している方は多いと思います。

段取りを前日に済ませておくのと同じで、スムーズに仕事にかかれるというわけです。

では何を書けばいいかというと、やる仕事の件名を書いておけばいいです。

・○○設計業務
・△△社のプレゼン資料作成
・社内会議のレジュメ作成

といった具合に自分が見てわかれば十分です。

予定している仕事を上から順番に並べておいたり番号をつけておけば、何からやればいいかがわかります。私の場合、先ほども述べたように時間管理はやっていないので、所要時間は書きません。

この退社直前のひと手間が、忙しいときほど効力を発揮します。忙しいときはやることがたくさんありますから、前日に整理しておけば翌日の作業効率が高まるんです。

逆に、忙しくないときはやることがそれほど多くないので、当日に段取りしても余裕があります。もちろん前日にタスク・メモを残しておくことで、抜け・漏れのリスクは下がりますし、仕事の質は高まりますが。

メモは、基本的には紙やノートに書いてデスクに置いておくことで、翌日出社時にすぐに目につきます。パソコンだと、ほかにもいろいろな情報が同じ場所にあることが多く、そこに気を取られてメモに目を通しにくくなるからです。

もちろんメモの内容が詳細なほど翌日の仕事はスムーズですが、メモに時間を取られても本末転倒ですから、記憶を引き出せる箇条書き程度でいいと思います。

「そうか、今日はこの業務のこういう作業をやればいいんだな」ということが、パッと見てわかることが大事なんです。

また、退社直前に「書く」ことによって脳内が整理され、脳の引き出しにしまわれるという利点もあります。翌日には、仕事のイメージがあり、ネタも用意されている状態なのですぐに仕事にかかれます。

④ メールの返信で仕事量をコントロールする

レスポンスをあえて遅くする

メールの返信の仕方ひとつで、残業を減らすことが十分に可能です。ポイントは、返信内容ではなく、返信のタイミングに強弱をつけることです。

具体的には「レスポンスの速さをあえて変える」のです。忙しいときにはレスポンスを遅らせてみてはどうでしょうか。

仕事の姿勢として、メールの返信が早いほうがいいのは言うまでもありません。確認したらすぐに返信・返答したほうがクライアントのウケがいいですからね。

ところが、**常にレスポンスを速くしていると、クライアントから矢継ぎ早に仕事をかぶせられることがあります。**すると、量がどんどん増えて長時間残業に陥りやすいんです。「この人に頼めば速くやってくれるから、あれもこれもやってもらおう！」と思われちゃうんですね。

「すぐにはできない」ということを、正直にクライアントに伝えればいいのではと、疑問に思う人もいるかもしれません。

しかし、すぐにできないことをクライアントに言うとなれば、理由とか根拠を説明する必要が出てきます。その説明をするにも時間や手間はかかるわけです。そして、いったんやり取りが始まれば、結局やらざるを得ない状態になることもよくあります。押し切られちゃって、「また仕事が増えた……」となってしまった経験は私もあります。

正直に言うことは大事だと思いますが、それによって自分が追い詰められるのは避けたいところです。

メール対応だけで1日を終わらせない！

基本的にレスポンスは速く。が、ときどき反応を「あえて」遅くする。忙しいときは、メールの内容を確認して数時間・一日開けて返信する。

返信を遅くするとクライアントから怒られるとか、クレームが来るとか考えるかもしれませんが、そんなことはありません。

恋人とメールやLINEでやり取りをするとき、相手からの返信がいつもより遅い場合には「忙しいのかな?」と考えるのではないでしょうか。なかには、「もしかして浮気しているのか?」なんてことを考える嫉妬深い人もいるかもしれませんが(笑)。

仕事でも、ある程度信頼関係ができていれば同じようなことが言えます。

たいていは、「この人いつもすぐに返信をくれるのに、今回は遅いということは、忙しいのかな?」と思ってくれます。

こうして作業量をコントロールできれば、自分がその日やるべき仕事がちゃんとやれ、ゆとりを持って次の日に対応することができます。成果物の質も上がりますし、相手が求めている以上に満足のいく返答ができることもあります。

私自身、忙しさのあまりクライアントや仕事そのものへの対応が雑になったり上滑りになったりするのを避けられたことで、高い信頼を得ることにつながったと感じています。

それに、クライアントの窓口をやっている人なんかは、このメール対応だけで一日が過ぎてしまうこともあるはずです。問い合わせや質問などがどんどん来て、それに応えていたら「もう5時？　今日何にもやってないよ」ということが私もよくありました。

ですから、基本は速いレスポンスで、忙しいときは間を挟む形で反応を遅くするのです。**大まかな比率として「即レス：遅レス」を、「7：3」もしくは「8：2」くらいにしておくとよいと思います。**

頼まれた仕事を断るときにも使える

社内の要望に関しても、速く対応することを基本としつつも、時々は「忙しいから今は手がつけられないけど、明日ならやれますよ」というふうに返答することで、その日の残業を回避することができます。

期限の範囲内で明日やれることは明日やる方向にもっていきましょう。普段から、自分の仕事を終えてさっさと帰っていく人には、周りの人も残業しなければ終わらない仕事は頼みにくいものです。

しかし、こちらから期限を指定しにくい立場にいる人は、先ほどと同じくメールのレスポンスを遅くするという方法が使えると思います。そのうえで、電話などで直接理由を聞かれたら、「忙しくて手がつけられない」と言ってみてください。これは誰のためでもなく、自分を守るための手段でもあるんです。

いつも残業してもいい前提で仕事を受けていると、

「こいつに頼んだら早くやってくれるから、これもやってもらおう！」

「あの部署の○○君ならいつも残業しているから、これも頼んじゃえ！」

というふうに、いわゆる「使いっぱしり」のような感じになりかねません。

そうなると、本来の自分の仕事にプラスして頼まれたことをやらないといけない。

しかも、緊急度によっては、依頼されたほうを優先せざるを得ないため、自分自身の仕事が遅くなってしまいます。

こうして業務量が増え、他の人たち（自分に仕事を頼んだ人を含む）はとうに帰宅しているのに、自分は深夜まで仕事をするはめになったりします。

どんな仕事でも、ある程度ゆとりがあったほうが質の高い仕事ができます。なぜなら「考えながら」やれるからです。

これは残業をなくすための動機の一つともなります。**理想を言えば、仕事に関しても「腹八分目」くらいがパフォーマンスが上がるのです。**

5 メールは拙速で問題ない！

反応を見ながらテンプレートを完成させる

私はかつて、メールの文章を長い時間かけて書いていました。「うまく書こう」という意識が強すぎたゆえのことでした。うまく書こうとするあまり、余計なことまで書いてしまってツッコミどころをクライアントに提示しちゃった、なんてこともありました。

しかし、メールは「速く」書くことが大事であって、必ずしも「うまく」書く必要はありません。長い文章のほうが丁寧だと感じる人もいるかもしれませんが、短い文章でわかりやすく確実に相手に伝わることが大事です。

連絡は早いほうがクライアントにとってもメリットに感じてもらえるんです。

速くメールを書くコツは、「メール文章のテンプレート」を作ることです。テンプレートについては前の章でも述べましたが、これでイチから文章を書く必要はなくなります。

メールの場合は、自分がよく発信する用件についてテンプレートを作り、複数のクライアントに送信がてらテストしてみます。

その際注意が必要なのは、プレゼン資料や報告書と違って、メールは完全に事務的な文書というわけではないため、相手への敬意を表すことも必要だということです。

テンプレートの型通りの文章であっても、ひと言付け加えるなどの配慮をすることで、よりタイムリーに感じてもらえます。印刷済の年賀状に、ひと言書き添えるようなイメージに近いかもしれません。

テンプレートに基づいたメールが、相手に正確に伝わっていなかったり、情報に不足があることを指摘されたりすることもありますが、そうしたレスポンスを考慮して少しずつ修正していけばいいんです。

「少ない文章でいかに相手に伝えられるか」という作業を積み重ねていくことで、テンプレートも磨かれていきます。表現を一部変えたり、構成を見直してみたり、件名を読まれやすいものにしたり……。

私はこのメールのテンプレートだけで、一日につき1時間程度削減できました。

テンプレートを使わないメールを書く場合も、「速く書く」ことを意識することで文章スキルが飛躍的にアップします。

過去のメールを振り返ったとき、自分の文章を読んで「こんなに拙い文章だったのか」と恥ずかしくなると思います。それは自分が成長している何よりの証です。

メモはノートよりメールに残す

メールは他人との連絡以外にも便利に使えます。

私は「自分への連絡」にも役立てています。

自宅にいてリラックスしているとき、レジャー施設などで遊んでいるとき、飲み屋さんでお酒を飲んでいるときなど、仕事とはまったく関係ない時間にナイスアイディアが突然降ってくること、ありませんか?

そういうとき、**私は即座に、携帯電話から自分の会社のパソコン宛に思いついたことを送るんです。これで出社時にメールチェックすれば、すぐ思い出すことができます。**

こうした一瞬のひらめきは一晩たってしまうと忘れてしまいがちですし、翌日なかなか思い出せないまま気になって仕事に集中できなくなることもあります。

もちろん、ノートやメモ帳などにメモを取る人もいると思いますので、万人に薦めるわけではありません。

私の場合は、ノートやメモ帳に書き付けると、メモしたこと自体を忘れて見ないままになってしまうこともよくあります。とりわけ複数の仕事を同時に進めているときなどは、この傾向が顕著になります。

元来の忘れやすい性分も手伝って、チャンスをみすみす逃してしまった経験などもあり、これを防ぐ意味でも、自分の会社のメール宛に送っておくほうが確実という結論にいたりました。未読メールは強調されていますからね。

送る内容は、思いついたことや思い出したこと全部です。

翌日自分で見てわかる程度の書き方でいいので、気軽にどんどん送ってしまいましょう。

⑥ 隙を見てスキル増やしていく

仕事を改善するための情報収集

日々仕事をしていると、時折ポカッと時間が空いたり、手持ち業務が落ち着いたり、ということがあると思います。

こういうときに、「業務に関する情報収集」を行うことが重要です。実務に追われているときは後回しになりやすいですが、**情報収集・リサーチをしっかりとやっている人ほど、短い時間で膨大な問題を解決して作業を終わらせていきます。世の中には「知っていれば簡単なのに、知らないとどうにもできない」ことがあるからです。**

私は、少し手が空いたときなどは、図面作成用のソフトである「CAD」の練習と知識習得のための情報収集を行っています。たとえば、次のようなことです。

・もっと手軽にできるスキルはないか？
・そのスキルは自分に合っているか？
・今のバージョンでどういうことができるのか？

最新の業界情報や新たなノウハウ・技術習得のための情報を集めておくことで、今後クライアントの問題点を解決するための武器が増えます。世の中が変わるのに、自分が変わっていかなかったら、効率を上げることなどできません。

取捨選択してトレーニングしよう

注意が必要なのは、空き時間の長さです。「30分」なのか「3時間」なのかでやれることに差が出てきますから、過ごし方も変わってきます。

私は30分程度の空き時間の場合は、気分転換に使っています。

仕事をしていて疲れてしまい、急に眠気に襲われたときなどは、一度社外に出て外の空気をしばらく吸います。コンビニに行ってコーヒーなどの飲料を購入し、それを外で飲むこともあります。一度違う空気を吸うことで頭をリフレッシュするのです。

一方、めったにないことですが、空き時間が３時間程度と長くなった場合。このときに私は仕事に必要なスキルの練習にあてます。ＣＡＤで言えば、

・やや複雑な図形をどうやって効率的に描くか？
・いかに作業時間を短縮しつつ、見栄えが良くなるように描くには？
・３次元化するためのトレーニング
・３Ｄ図面の描き方
・今後出てくるであろうと思われる作業のイメージ組立

などです。あるいは業務に必要な資格取得の勉強にあてることもあります。

大事なのは**「自分の仕事に関連づける」**ことです。

ただ闇雲にやり方を身につけるのではなく、今やっている仕事や今後やるであろう業務と関連づけ、トレーニングします。

今、時代はものすごい流れで進んでいます。去年トレンドだった方法やノウハウが、

今年も有効だとは言えない時代です。1年後は新たなやり方が出てきて、それがスタンダードになる可能性も大きいのです。

新しい方法が出てきてそれをやる場合、すぐにやれるかというとそうではないですよね。いざというときに使えるようにしておくことで、周囲からの評価も高くなります。

ただし、すべてのスキルとか機能を使いこなせることが目的ではなく、あくまでも作業時間の短縮・残業時間の軽減が念頭にあります。なので、**私は「この機能は不要だな」「これは相性が良くない」と判断したら、バッサリ切り捨てます。**

「合う合わない」は人それぞれです。ご自身の感覚に素直に従ってOKです。

仕事のやり方というのは、基本はある程度共通していますが、そこから先は向き・不向きがあります。積極的に取り入れていく一方で、そこに捕らわれないよう柔軟に対応するのがよいと思います。

⑦ システムに依存し過ぎない

ブラックボックスをなくしていく

私は時間の余裕を見て、いつもは自動計算ができるプログラムでやることや、エクセルを使って計算すれば早く済むことを、あえて電卓で計算してみたりしています。

これらは傍から見れば無駄なことですし、私も普通ならやりません。けど、たまにやってみることで、仕事に必要な作業の理解度が深まり、さらに目的をもっと掘り下げて見つめることができるのです。

「なぜその数値が必要なのか?」「何に使われるのか?」「その計算をすることで、その後の仕事にどんな影響があるのか?」といったことは、普段機械的に作業しているとなかなか考えることはありません。

自分の手でやってみることで改めて定着をはかることができるのです（あくまで「理

解度を上げるため」に手でやってみることが有効ということです。実際には手計算にすることで間違える確率は上がります）。

請求書を集計するときなど、会社によっては自社独自のシステムを開発していてそれを使っているケースも見られます。しかし、こうしたシステムを使っていても、たまにとんでもないミスを見聞きします。入力値の桁がゼロ一つ違っているにも関わらず、最後まで誰もミスに気づかずに問題になった、なんて話も聞いたことがあります。

あらかじめ作成されたプログラムを使って計算する場合、「プログラムを使っているから大丈夫だ」という先入観がフィルターとなって、間違いに蓋をしてしまうことがあります。入力値と出力された結果を照らし合わせたり、想定している結果かどうかといったチェックが甘くなりがちなのです。

こういったシステムは「ブラックボックス」となっているので、開発過程や、なぜそのシステムがあるのか知らない人が多いです。これは無理もないことで、本人が理解する必要性を感じなかったり、組織として教える必要性を感じていないからです。

そこに落とし穴があって、ほんの少しの理解不足が大きなミスを引き起こしてしまい、その手直しやチェックに多大な労力と時間をかけてしまうことがあるんです。

「わかってない人」が抱えるリスク

建設業界、特に土木工事の場合は、多くのプロジェクトで国の機関である「会計検査院」による検査が入ります。土木工事の多くは税金によって工事の費用が賄われているためです。

この検査は「税金が適切に使われているか？」「無駄に使われていないか？」を確認するものです。ちょっとしたミスでも厳しく指摘され、場合によっては手直し工事の費用をすべて会社が負担することもあります。

検査の結果は年に一度、官報や新聞などで公開され、どこで無駄遣いがあったかが公になります。検査対象のプロジェクトは、かなり細部まで検査が行われ、根拠が明らかでないものは、後日資料をまとめて提出したりしています。

検査官は非常に多くの案件を見てきているので目が肥えていて、かなり細部まで目が行き届くので、検査時はドキドキです。

この検査のとき、形の上ではきちんとまとまっているように見えても、担当者が仕事の内容をきちんと理解していないとすぐわかってしまいます。ひどい場合は、軽微なミスなのか重大な誤りなのかさえもわかっていない人もいます。

ですから検査時に指摘されて問題となったり、最悪の場合は建造物が出来上がったあとにミスが発覚して、莫大な費用を負担して手直しをする、ということもあるんです。

一時、土木工事や設計でミスが多発して問題になったことがありましたが、担当者が計算過程とか数字の意味などを理解せずに仕事を進めていたことが、その起点となった事例が結構見られました。

特定の作業を自動化するシステムはとても便利ですが、使っている側が理解していてはじめて安全に使用できるという面もあります。

プロセスを一つひとつ自分でたどった経験があると、システムを利用して出した計算結果に異常があった場合に「様子がおかしいぞ」と気づきやすくなります。そのほうが当然ミスが減りますし、誰かに鋭く説明を求められても、その場で正確に回答して乗り越えることができるんです。

「いやいや、忙しいのにそんな暇ないよ」と思うかもしれませんが、**忙しいときに「どこに問題があるのかわからない」というのは本当に厄介です**。何度か自分の頭と目と手を使ってやってみることで、いざというとき仕事をスムーズに完了させられますよ。

第5章

無理をやめて成果を出す自己管理術

① 仕事も人生も大事にする考え方

遠慮をしないことが自己防衛の第一歩

会社員という職業で一番多いのが、いわゆる「平社員」という立場です。役職のない状況です。私は現在派遣という立場ですが、両方経験してみて感覚としては割と近いと感じています。この立場を利用しない手はありません。

こういう下の立場だと、理不尽に仕事を押しつけられやすいと思う方もいるでしょう。私もそう思っていました。しかし、実際はそうとも限りません。

下の立場というのは実はいろいろと気軽な立場でもあります。与えられた仕事をやればよかったり、その仕事をやるのが必ずしも自分でなくても他の人でもよかったり、重大な責任を負わなくても済んでいるわけです（もちろん心構えとしては、責任を放棄することはいいこととは言えませんが）。

つまり、「残業を減らしたい！」と自分が本気で思えば、上の立場の人よりも減らしやすい状況を作り出すことができるわけです。仕事をしていて「とても終わらない」とか、「今日は絶対に残業できない」という状態であれば、遠慮なくその旨を伝えましょう。「遠慮をしない」ことは、実は大事なことです。自己防衛につながりますし、自分の意思を示すよい訓練にもなるからです。

相手の意見をすべてそのまま受け入れるのは、「相手の言うことに無条件に従う」ことと同じです。全面的に相手の都合に合わせることになります。

残業をするほど仕事を抱えていないにも関わらず、周りに合わせて深夜まで付き合わされる人なんかには、上の人も罪悪感なく仕事を振りやすいのです。

実務だけでは培えない能力もある

今の時代、プライベートな時間が捻出できない人は、出世はおろか通常の仕事でも苦労を強いられやすくなります。**プライベートな時間を通じて、人と人との付き合いが身についていき、人に尊重される要因となる知識や個性が磨かれるからです。**

自分の時間を大切にしている人ほど仕事も大切にしています。それはその人の表情や態度にも表れ、クライアントの信頼を得ることにもつながっているわけです。

私が見たところ、残業ばかりしている人は、表情が沈んでいるように感じます。

「あ〜、また今日も残業か……」

「仕事仕事で毎日がつまらない……」

「気分転換したいけど、忙しくてする気にもなれない……」

と思っているのかもしれません。私がそうでしたから。

そのときの私は表情が暗いうえに下ばかり向いていて、背中に影が映っているようだったと思います（何かのアニメのように、「ズーン」と沈んでいるような）。なので「お前暗いな」と、よく言われていました。

そして、そういうときは仕事がいま一つはかどらないものです。**集中できていなくて、なんだかふわふわしているというか、地に足がついていない感じでした。**なので、いつもよりもミスが多くなってしまい、クオリティもいま一つだったんです。

残業を減らすために、仕事のクオリティを上げるために、自分を大切にすることを考え、行動するべきです。

遠慮をしないことが自己防衛につながる

1カ月以上前に、仕事を考慮せずに自分の予定を入れてしまう

↓

・その日は帰れるように仕事を調整し始める
・前々からの予定なので罪悪感がない
・「残業が当然」という思い込みが減っていく

残業時間を自分で調整する意志をもとう

1カ月以上前に予定を入れてしまう

今まで残業をするのが普通だった人が残業を減らすためには、まずはムリヤリにでも帰らなくてはならない状況を作り出すことです。

初歩的なことですが、プライベートの予定を入れておく、セミナーなどの参加を早く申し込んでおいて、その日時を開けておく。これを、「早めに」しておきましょう。

予定は1カ月以上前には決めてしまいます。**「1カ月後に仕事の状況がどうなるかわからないから、予定を入れられない」と心配してしまうのは、いつも残業をしてい**

る人の良くない思考パターンです。その日に定時に帰れるように仕事を進めればいいだけのことなのです。

何も予定がなくヒマな状態ですと、定時後も仕事に使ってしまうことが多いです。「特にやることないし、周りが忙しそうだし」という理由で、周りへの罪悪感も手伝って、ズルズル残業をしてしまう。

こんな状態では周りの目ばかり気になって集中できないし、気分もノっていないので自分が本来持っている力を発揮できなくなります。心から「頑張ろう！」と思えないのに、最高の結果を出すことは難しいでしょう。

なかには家庭環境がうまくいっていなくて会社にずっと残っている人や、友達が極端に少なく、仕事以外ではやることがないから休日も会社にいるという人もいます。

そういう人たちが「オレが（ワタシが）残業しているんだから、お前もやるのが当然だろう」というふうに圧力をかけてくることもあります。

そういう傾向にはいち早く気づかないと、貴重な時間を無駄にしてしまうことになるのです。

２ やる気をもちつつ自分を客観視する

利用する隙を与えない

ときどき「やる気あります！」アピールを頻繁に行う人が見受けられます。

私はこれは避けたほうがいいと思っています。なぜかというと、これによってこき使われる存在になりやすく、自分自身をどんどん追い込んでしまうからです。

やる気がある人ほど、いつでもどこでも「やる気あります！　なんでもやります！」という調子で全力で取り組むし、弱音をまったく吐きません。そこを会社や部署に利用されてしまう、ということになり得るのです。

これは、いわゆる「仕事ができない」人によく見られる行動です。本来は仕事の結果でアピールすべきところを、それができないから「やる気」でアピールしているのです。

現実には、やる気があることをいくらアピールしたところで、仕事は結果を出さないと意味がありません。**会社はもちろんやる気のある人を重宝しますが、残念なことに「仕事ができる人」とは明確に区別して扱います。**

会社にとって重要なのはあくまで「仕事ができる人」なのです。

私は何も「仕事ができる人はやる気がない」と言っているのではありません。

「やる気を武器にして世渡りしようとするのはリスクが大きい」ということを言っているのです。

現に、いろいろなところから書類をドサッと置かれたり、怒涛のようにメールで指示が飛んできたり、夕方4時ごろになって「この仕事、明日の朝イチまでに終わらせといて」なんて当たり前のように言われるのは、だいたいやる気がある人です。

逆に仕事ができる人は、やる気アピールを過度にやることはありません。

なぜなら、**やる気と結果がイコールではないことを知っているし、やる気が自分を成長させる要素とは必ずしも言えないことも理解しているからです。**

普通は誰でもやる気があって仕事をしていますし、身も蓋もないですが、やる気があろうとなかろうと結果を出すのが仕事です。

そのうえで、いかに短時間に終わらせるかを意識しているのが仕事ができる人です。

やる気はアピールポイントにはならない

やる気をアピールする人
→いつも全力で弱音を吐かず、
職場で利用されやすい

仕事ができる人
→自己管理に気を遣って、
調子が悪いときは頑張らない

結果や成長につながらない仕事で
こき使われる存在になってしまう

**「なんでもやります！」という
人は、仕事ができない人**

できる人の弱音の吐き方

仕事をするときにやる気があるというのは、至極当然のことではあります。

しかし、時としてこれが落とし穴になり、自分自身を壊すことにつながることがあります。自分でも気づかないうちにどんどん消耗していき、バーンアウトして何もできなくなるケースが増えています。かつて私が体験したことですし、同じような状況に陥った知り合いもたくさんいました。

昨今は多くの企業が、鬱病など心身の疾患について非常に敏感になっています。

月の残業時間を制限したり産業医を常駐させていたり、いろいろな手を打っていることが、その表れです。

仕事ができる人はやる気があることを基本としつつも、自己管理にはかなり気を遣っています。これが心身を健全に保ちながら、しっかり成果を出すことにつながっています。ですから、ピンポイントで**「今日はもうやる気ないなぁ」**なんてことを言えてしまうわけです。たいていは冗談めかして言うのですが、今日は調子が悪いということは周りにちゃんと伝わります。やる気アピールとは反対に、「ちょっと休ませて」ということを気軽な感じでアピールしておくわけです。

私も仕事がなかなかはかどらないときなど、ふと「今日はもうだめだ」とか「本日、閉店」みたいなことを言うことがあります。たったひと言でも威力が高く、周りが無理を言ってこなくなります。

日本人の特徴として、無理をしていてもそれを表に出さないという傾向があります。ですから、笑いながら「いや～、今日はキツイな～」ということを漏らすだけでも、聞いているほうは意外と真に受けてくれます。

もちろん、いつもいつも言っていたら誰も信じてくれなくなりますので、嘘はダメですけどね。

3 残業を最小化する休息の取り方

オンとオフのメリハリをつける

残業が多いとき、少しでも早く帰りたいからと休憩時間に仕事をするのはご法度です。なぜなら、ミスが増えたり、クオリティが落ちたりするからです。ミスを直そうとしてまたミスを重ねたり、修正がはかどらず、かえって労働時間が増えてしまったりします。

実際、**昼休みを返上して仕事をしている人の多くは、必要以上に残業時間が長くなる傾向があるように思います。**どちらにしろ残業になるくらい忙しいのなら、むしろ休憩をしっかり取ったほうが午後の仕事が捗ります。

これは「オン・オフ」がはっきりしているからです。休むときはしっかりと休むことで、集中力を維持することができるのです。

スポーツ選手が「ゾーンに入った」というようなことを言いますが、これと似ています。集中力が研ぎ澄まされ、「仕事する以外何もできなくなってしまう」んです。隣の人の存在さえも見えなくなるほどに。

こうなると、ものすごい速さと非常に高いクオリティを兼ね備えた状態になり、超スピードで仕事をこなせてしまいます。頭が冴え、感覚が鋭くなり、同時に動きも早くなる。

これは「オン・オフ」がしっかりと区別されているからこそできることです。そのために、フッと息を抜く瞬間が必要なのです。

人は、常に研ぎ澄まされている状態ではいられません。体も心も脳も、エネルギーをいったん抜く必要があるんです。

毎日毎日24時間休みなく動き続けられる人間はこの世にいません。一日のうち数時間は寝る必要があるし、エネルギーを使ったら補充しないといけないし、力がかかったら抜かなきゃならない。

それでこそ、人はフルパワーを発揮できるのです。

仕事のパフォーマンスが下がれば必然的に労働時間が増えて残業になる。朝から深夜まで働いていれば、当然仕事の質が落ちてミスが起こりやすくなる。

「躊になってしまった」という人を観察すると、その多くは「力を抜かずにきてしまった」人が非常に多いことがわかります。

息抜きを疎かにしないことで、かえって仕事をガンガンできるようになります。バネで大きく跳ね上がるように。いわば、休憩というのは助走であり仕事という大きなジャンプをするためのものでもあるということなんです。

一番効果が高いタイミングで休む

休憩の時間は「〇時間が取るのがいい」ということではありません。

時間が大事なのではなく、タイミングが大事です。ふと集中が切れたと感じたら、そのときに休憩を取ると効果が大きいです。

あるいは、「この仕事がひと区切りついたら」というふうに決めてもいいですね。

タスク管理の考えに近いですが、「この仕事ができたら」とか、「こういう結果を出したら」という感じで、自分へのご褒美の一環として休憩を取ることもありだと思います。

それ以外にも、私は昼休みに短時間の「昼寝」をしています。

昼食を食べた昼下がりは眠くなりますよね。睡魔によって仕事がはかどらなくなり、夕方振り返ったらミスをしていたなんていう経験は誰しもあるでしょう。

しかし、**ちょっとの昼寝をしておくだけで、午後も目がパッチリ、頭はスッキリ、体はキレキレになって仕事がはかどるようになります。**午前と同じようなパフォーマンスを発揮できるようになるのです。

1時間の昼休憩中、私は概ね10分くらいを昼寝にあてるようにしています。

これは個人差がありますから、何度かやってみてベストな時間を探るといいでしょう。30分がベストという人もいれば5分で十分、という人もいると思います。10分というのは私が「このくらいがベスト」と感じているからやっています。

このとき、深い睡眠になることを避けるため横にはなりません。深い睡眠になると起きるのが辛くなりますし、仕事への切り替えがうまくいかなくなるからです。

休憩というのは、「何をやったか?」「どうしてそれをやったか?」「そのとき、自分が何を考えていたか?」といったことを、体のいろいろな部分が整理する時間でもあります。そして休憩が終わればすぐにそれを取り出せるので、私は残業をしたくないとき

オン・オフのメリハリをしっかりと

休憩は、時間よりタイミング！

・ふと集中が途切れたとき
・仕事がひと区切りついたら
・昼休み（午後眠くならないように）

→ **集中力を維持できる！ミスを増やさない！**

適切な休憩をとることで、ムダに残業しなくてよくなる

ほど、思い切って休憩をとるようにしているのです。

無駄な残業と価値がある残業

ビジネスマンとしては毎日全力で働けることがベストですが、人間ですから常に全力ってわけにはいきません。それに、人それぞれ調子の波というものもあります。思いのほか仕事がはかどるときもあればそうでないときもあるものです。

「今日は調子が上がらないな」というときは、残業せず定時で帰りましょう。そんな日に残業しても仕事の質が上がることはありません。

むしろ、後日手直しが生じたりして「あ

の残業はなんだったんだ？」ということになってしまいます。一生懸命やったことが無駄になったり手戻りが発生してしまうと、虚しさや脱力感しか残りません。「いい経験」と言う人もいますが、仕事は成果を出してナンボですから。

逆に、**残業するなら調子が良い日に越したことはありません。調子が良い日は仕事がはかどるので、同じ時間でも結構な仕事量をこなすことができます。さらに思った以上の結果が出せることもよくあるんです。**

私自身や周囲の人の経験でも、

・プレゼン資料のできが素晴らしく、競合大手より高評価をもらい仕事につながった
・金額は他社より高かったが、提案内容がクライアントの求めているものと完全に合致したうえ、さらに一歩踏み込んで問題発見・解決策を提示できて大口受注となった
・製品のできが非常に素晴らしく、営業していないのにどんどん指名されて仕事がくるようになった

というようなことが起きてきます。

結果的に残業にはなっても、最小の残業量で済んでいるので、コストパフォーマンスという面で有利に働いて利益率向上につながっています。

もちろん、業務の日程や内容などによっては、調子が出なくても徹夜せざるを得ないということもあるでしょう。私はそういうとき、1時間でも30分でもいいので、合間合間に気分転換を行っています。**意識的に、オンとオフを作り出すことで、多少なりとも調子を整えるようにしているのです。**

仕事は結果が出てこそ評価されるものです。

自分が一番力を発揮できる仕事のやり方を早く見つけたほうが有利になります。

④ ストレスからの防衛手段を身につけよう

ストレスで残業が増える！

仕事をしている以上、ストレスは避けては通れないものです。新しいことをしたり未経験のことに取り組むときには誰でも多少のストレスを感じるはずです。私が本書で紹介している仕事のやり方にしても、コミュニケーションを取ったり仕事を分担したりするのは最初は躊躇してしまうという人もいるでしょう。

そこでストレスをできるだけ溜めないようにするコツを紹介します。

それは、仕事でミスをしたり、「嫌われたかも……」と感じることがあっても、いちいち気にし過ぎないことです。

私は仕事でトラブルに見舞われたときでも、「これで死ぬことはない」と言い聞かせて

います。当然ですが、命に関わるようなことはありませんでした。

こう思うだけで、ふっと心がラクになり、余計なことを気にせずに仕事に取り組むことができるのです。


うまくいかなかったことを引きずると、いろいろと考え過ぎてしまい、萎縮します。そしてさらにうまくいかなくなって、どんどん縮こまっていく。

そして何か言われるたびに「ビクッ!」としたり、余計なことを考えるようになります。手が動かなくなって、なぜか不必要な作業をしたり、考える時間がものすごく増えて、その分労働時間が長くなるんです。

ハッキリ言いますが、私が見ている限り、ストレスを溜めている人ほど残業時間が長いです。

私自身いろいろと気にする性格なので、言われたこと一つひとつを真に受けてしまったり考え込んでしまうことがよくあります。そういう性格だからこそ、一度そういう状態にはまると容易に立ち直れないことも知っていますし、そういう生産性のない自分に苛立ったりウンザリして投げやりになりそうな気持ちもわかるのです。

もちろん、自分の未熟さのせいでうまくいかないときは、反省することも大事です。

ですが、反省したら、あとは前に向かって進むのみ。あれこれと気にして引きずっていても、その時間がもったいないです。その間でもやれることがたくさんあります。やれることをどんどんやっていくことで、余計なことを気にすることもなくなります。

結果を出すための「戦略的な逃げ」

もし、「ものすごく大きなストレスがかかっている」と感じていて、なかなか切り替えがうまくいかないときは、私なら「休み」をとります。

もちろん突然「今日休みます」と連絡を入れることはありません。前もって休みをとるんです。2週間先、1週間先に休みを入れておき、上司や周りの了解をとっておけば大して迷惑はかかりません。

私はこれを「戦略的な逃げ」と勝手に呼んでます。一時的に逃げることで自分自身をストレスから防衛するんです。その日は自分が好きなように過ごして英気を養います。

私は逃げることは恥ずかしいことではないと考えています。**少し逃げることによって、ストレスを軽減でき、その分自分の力を大いに発揮できるのなら、むしろ積極的にやる**

べきだと考えています。何度も言いますが、仕事で大事なのは結果を出すことです。そのためにやれることをやればいい。逃げることはそのうちの手段の一つに過ぎません。なるべくストレスを溜めないように、そして溜めたストレスを抜き、余計なことを考え過ぎず前進していくことが大事なのです。

取り急ぎ声を出す

それ以外だと、多少なりとも気持ちに余裕があるときには、なるべく周りに声をかけてみるとストレスを軽減できます。声をかけるというのは、コミュニケーションの一つです。声をかけることによって、自分自身の心身を常に安定状態に保つことができます。

心身のバランスが崩壊し、「鬱」の状態になってしまう人を見てみると

・周りとの会話が少ない（まったくない）
・自分から声をかけようとしない
・周りから見て何をやっているのかわからない

という状態に陥っている人が多い傾向にあります。

人は自分の言葉でしゃべることによって心の平安を保つことができ、頭が活性化され、イキイキとします。会社や学校でよく話す人がいつも元気なのはそういうことなんです。そういう人は、社会に出ても実績をしっかりと残すことができています。

簡単なコミュニケーションによって、残業を減らすだけではなく、高いパフォーマンスを発揮できる自分を維持しやすくなるのです。

「待ちの姿勢」からの脱却

それに、「声をかける」という行為は「待ちの姿勢」を直すことにもつながります。**私は今でこそ大分改善しましたが、もともとは人に何か言ってもらわないと、自分からは何も言えない人間なんです。そういう人は、残業時間が長いのです。**

少し手が空いたときに何もせず、夕方になって急な仕事を依頼されて夜中まで残業になるような人です。

仕事は待つものではありません。自ら動き奪い取るものです。会社が仕事を受注する際、他社との競争を勝ち抜いて受注してきますよね。社内でも同じことです。

やりがいのある仕事は自ら動いた人のところにいき、自分の実力を磨いていくことで素早く結果が出たり素早く終えたりしやすいです。

動けない人のところにやってくるのは、本人の実力とは関係なく、必ず一定の時間がかかり残業にもつれ込むようなものが多いです。こういう仕事をいかに減らすかが、残業時間の削減に大きく関わります。

忙しいときは、必ずしも毎日声をかけなくてもいいです。

ミーティングなどの、ある意味強制的にでも話さなければならない場で、きちんと自分の状況を伝えるようにしましょう。言うことが決まっているので話しやすいですから。

ストレスに押し潰されそうなときは、まず声を出してみる。

これは残業を減らすための、小さくても大切なステップなのです。

⑤「徹夜をしない」ことを表明する

外部へのアナウンスが重要

こちらが徹夜をしてでも仕事をこなすという姿勢は、クライアントからすれば助かることです。しかし、徹夜するということはそれだけ心身を削ってやるということです。人の生活リズムを根底から変えてしまうような行為ですから、できることならやるべきではない。それは多くの人たちが暗黙のうちに理解していることです。

ですから、あらかじめ「徹夜はしない」ということを、外部にアナウンスしておくことは大事なことなんです。

最近は「遅くともこの時間までしか社員はいません」ということをさりげなく示す会社が増えています。 例えば「夜9時で消灯・閉館」という規則を定めて、それをクライアントにも示したり。あるいは入居しているビルのルールを活用し、「この時間までしかいることができない」ということの正当化につなげているところもあります。

一時的に「仕事を受けない」状態を作り出す

私の場合は、本当にごくたまにですが**「欠席のフリ」**をしています。

フリというのは社外に対してです。実際には出社しているのですが、「客先からかかってきた電話に対して、一時的にいないことにしておく」のです。

優先すべき仕事に追われているときに別の案件の客先から電話がかかってきて、その対応に追われることがあります。すると、本来優先すべき仕事が後回しになり、その結果、残業はおろか徹夜しないと終わらない、ということになるんです。

しかし、**欠席ということにしておけば、優先すべき仕事に集中し、それが終われば、その日は帰宅できます。**

もちろん、社内の人たちにあらかじめ「根回し」しておくことが必要です。特に電話を取る役目を担っている人には念入りにお願いしておきます。

自分が電話を取ってもいけませんし、メールの返信も今やるべき仕事の取引先以外は無視しておくことです。一時的に遮断するだけですから、気にする必要はありません。

やり過ぎるとカンの鋭いクライアントには気付かれることがありますが、私は気にしません。「忙しいのかな」と推測してくれれば、無理難題を言われにくくなるからです。

また、繁忙期になると、複数の業務のスケジュールが重なってしまうことがあります。資料の提出予定がかぶってしまって徹夜の連続、ということになってしまいます。

こういうときは、前にも言いましたが「クオリティを上げるために、時間がほしい」という言い方で時間を稼ぐ方法があります。

また、業務を進めていくうえですぐに解決する必要がない問題点があれば、解決を後回しにしておいて期限先延ばしの理由にしてもいいです。

作業を進めていくなかで「このような問題が出てきた」ということをクライアントに提示し、それを解決したうえで成果物を出したい旨を伝えておくんです。

クライアントとしては問題点がある状態で出されても困るわけですから、その要求を呑みやすい状態を作り出すことができます。

⑥ 不規則な生活で実践した私の健康習慣

水を飲んで老廃物を体外に出す

残業を減らしながら効率的、効果的に仕事を進めるためには、健康であることが大前提となります。夜遅くまで仕事することが多かったり、休日も出勤を余儀なくされることがあると、多少なりとも健康に影響が出やすくなりますが、だからといって頻繁に会社を休んだり仕事に穴をあけるわけにはいきません。

そこで私が普段から心がけているのは**「水をたくさん飲む」**ことです。

私は今の業界でいくつか会社を移り変わりましたが、共通して言えることは、太っている人と痩せている人に極端に分かれる傾向があることです。

その理由として、深夜まで残業をすることが多かったり、会社やクライアントとの板挟みになったり、あるいは膨大な量の仕事を抱え込んでしまったりして、かなり大きなストレスを抱え込んでしまうからだと見ています。

仕事の合間に夕食に行ったにも関わらず、夕食で食べたもの以上の量を夜食で食べたりするのは日常茶飯事です。あるいは、逆にまったく食べられなくなってどんどん痩せ（やつれ）ていく人もたくさんいます。そういう人もお酒はガンガン飲んでいますが。

こういう状態にならないための基本は、もちろん「規則正しい食事」「栄養バランスのとれた食事」「適量の食事」でしょう。しかし、実際にはそうなっていないことも多いので、私は水を多めに飲むことで、せめて老廃物を体外に出そうとしているのです（水さえ飲めば万事ＯＫということではなく、対策の一つということです）。

水をたくさん飲むとなぜ健康維持につながるのかというと、それだけトイレにいく回数が増えて「老廃物が体外に出やすい」からです。

水を飲むタイミングで大事なのは、「喉が渇く前に飲む」ことです。

喉が渇くということは、体内の水分が不足している状況です。そうすると体内にある水分の循環が順調ではなくなり、体内で老廃物を拾いにくくしてしまいます。結果、老廃物が体に溜まって体内を駆け巡ってしまい、健康に影響が出たり、疲れが取れにくくなるということが起こるんです。

忙しいとき、季節の変わり目にも

建設業界の傾向として、飲み会の回数や飲む量がものすごく多いということが挙げられます。私も週のど真ん中に飲みに行き、テンションがどんどん上がって深酒になり、気づいたときには翌朝の7時……なんてことは何度も経験しています。

こんな生活を続けていれば体調がおかしくなって当然ですが、なかには何ともないという人も結構いるものです。

身近なところでは私の上司がそうなのですが、不思議なことにそういう人は、忙しさに関係なく普段からほとんど体調を壊しません。さらには、飲み会で徹夜になっても仮眠を取らずそのまま仕事に突入したりして、とくに支障もきたさないのです（だからといって、こんな働き方は普通の人にはとても勧められませんが）。

この上司もやはりよく水を飲んでおり、私にも水を飲むことを勧めてくれました。

私が見ている限り、忙しくても不規則な状態でも、あるいは季節の変わり目でも、まったく体調を壊さない人は、他の人よりも多めに水を飲んでいる傾向があります。がぶ飲みしているというわけではありません。一回当たりの量はそれほど多くないんです。

一方、水をあまり飲まない人は、季節の変わり目に風邪を引いたり、流行期には他人からうつされて症状が出やすい傾向にあります。

もちろん個人差はあると思いますが、時間やお金の負担も少なく手軽にできるので、私は手洗い、うがいと同じような感覚で体調維持のための習慣としています（ただし、私は健康面で専門知識があるわけではありません。あくまで実体験に基づく考えと受け止めてください）。

目覚めをよくする睡眠の工夫

また、私は、寝る前に音楽を聴くことが多いです。

とくに、疲れているときはモーツァルトを聴いてから寝ます。実際、モーツァルトの曲は良い眠りに効果的であることは、よく言われていることです。

他には「自分が聞いて楽しくなる曲」を聴くこともあります。よく聴いている曲としては、某ローカルテレビ局が制作した、ある伝説的番組のテーマソングです。北海道から全国的な番組となった、あの番組です。

なぜ楽しい曲を聴くかというと、楽しい気分で目が覚めるので、それほど苦労せずに起きることができるからです。

逆に憂鬱な状態で就寝すると、目覚めも良くなく、起きるのがつらくなることもあります。私の場合、そういう状態で会社に行くと一日中気分が下がったままでまったく楽しくないんです。**嫌な気持ちを引きずりやすいことを自覚しているので、早めに切り替えられるよう、こういうところで工夫しています。**

なお、寝る前は音量を小さめで聴くほうがいいと思います。音量が大きいとテンションが上がってしまって眠れなくなることがあるからです。

〈著者紹介〉

金山直志（かなやま・ただし）

1980年1月21日生まれ。新潟県出身。長岡技術科学大学卒業。

複数の建設コンサルタント会社で土木設計、測量業務などを経験後、派遣社員として建設コンサルタント会社や建設工事現場での図面作成業務などに従事している。

アメーバブログ「月の労働時間を200時間以上減らしたサラリーマンの行動法」を運営しており、人気ブログランキング「30代サラリーマン」のカテゴリで1位を継続中。

この他に個人でメールマガジンを配信している。

【ブログ】http://ameblo.jp/kinkin-3535/

僕が月300時間の残業を50時間まで減らした方法

2015年2月27日　　第1刷発行

著　者――金山直志

発行者――徳留慶太郎

発行所――株式会社すばる舎

Subarusya

東京都豊島区東池袋3-9-7 東池袋織本ビル　〒170-0013

TEL　03-3981-8651（代表）　03-3981-0767（営業部）

振替　00140-7-116563

http://www.subarusya.jp/

印　刷――図書印刷株式会社

落丁・乱丁本はお取り替えいたします

©Tadashi Kanayama　2015 Printed in Japan

ISBN978-4-7991-0414-9